Business Companion: French

Business Companion
FRENCH

TIMOTHY DOBBINS
PAUL WESTBROOK

LIVING LANGUAGE®
A Random House Company

Published in the United States by Living Language, A Random
House Company

www.livinglanguage.com

Editor: Zvjezdana Vrzić
Production Manager: Pat Ehresmann
Design: Wendy Halitzer

Although all factual information in this book, such as Web sites,
telephone numbers, etc., is as up-to-date as possible at press
time, changes occur all the time, and Living Language cannot
accept responsibility for the accuracy of the facts in the book
or for inadvertent errors or omissions.

First Edition

ISBN 1-4000-2041-7

Library of Congress Cataloging-in-Publication Data available
upon request.

PRINTED IN THE UNITED STATES OF AMERICA

10 9 8 7 6 5 4 3 2 1

ACKNOWLEDGMENTS

Special thanks to the Living Language team: Lisa Alpert, Elizabeth Bennett, Christopher Warnasch, Suzanne McQuade, Sophie Chin, Denise De Gennaro, Marina Padakis, Pat Ehresmann, and Lisa Montebello. Many thanks also to the dedicated reviewer, Philippe Montanari. Without the hard work and dedication of everyone involved, this book would not have been possible.

France

ENGLAND

La Manche
(English Channel)

Calais
Boulogne
NORTH
PICARDY
Arras
Cherbourg
Fécamp Dieppe
Etretat
Amiens
Le Havre
Arromanches
Honfleur
Rouen
Beau
Bayeux
Caen
NORMANDY
Seine
Giverny
ILE D
FRAN
Versailles
Pa
Ile de
Bréhat
Perros-Guirec
Roscoff
Mont
St-Michel
St-Malo
Ile
d'Ouessant
Brest
Morlaix
Dinan
St-Brieuc
Fougères
Chartres
Quimper
BRITTANY
Rennes
Le Mans
Orléans
Concarneau
Vitré
Lorient
Vannes
Angers
Chambord
Quiberon
Saumur
Blois
Belle-Ile
Nantes
Loire
Tours
Bourg
PAYS-DE-
LOIRE
LOIRE
VALLEY
ATLANTIC
OCEAN
Poitiers
Niort
Ile de Ré
La Rochelle
POITOU
CHARENTES
Mc
Saintes
Limoges
LIMOUSIN
Bay of Biscay
Angoulême
Périgueux
AUVERGNE
Bordeaux
Sarlat
Brive-la-
Gaillarde
Aurillo
Garonne
Dordogne
Rocamadour
Langon
Cahors
Rode
Montauban
AQUITAINE
Albi
Bayonne
Toulouse
Biarritz
Pau
Tarbes
LANGUEDOC
ROUSSILLON
St-Jean-Pied-
de-Port
MIDI-
PYRÉNÉES
Carcassonne
Pe

N

Rail Lines

0   50 mi

0   75 km

S P A I N

ANDORRA

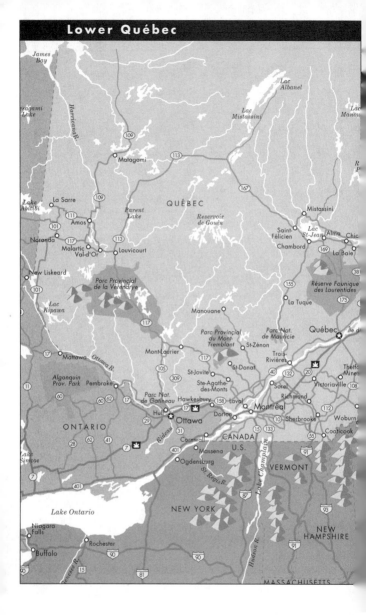

Lower Québec

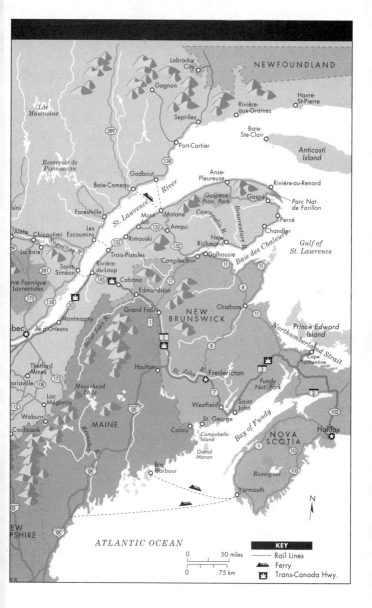

CONTENTS

PREFACE

It can be said that business is among the most basic of human relationships. The opportunity to interact with people beyond our own "hometown experience" is both a growing necessity and a challenging adventure. Business never stops. Journeying from one country to another becomes easier every day. *Business Companion* is written for people in the global marketplace of today's world.

But you don't need to cross borders to experience the people and culture of other lands. Business is conducted without borders. The telecommunications revolution allows the businessperson to travel to distant lands measured not in miles but in megahertz. Do business in Tokyo, Mexico City, and Berlin without ever leaving your desk.

Of course, a great deal of global business is conducted in English. Yet these interactions are enhanced and strengthened by the strategic use of words and phrases in your business partner's native tongue—placed in letters, in telephone conversations, or in e-mail.

The primary aim of this book is to provide you with the tools to put language to work for you, even if you don't have the time for a traditional language course. Whether you travel to work in foreign lands by plane, train, ship, telephone, or computer, this book will increase your business self-confidence and help you develop the power of using a foreign language. After all, communicating on a global level will only continue to be essential in the workplace of the 21st century.

The second, and subtler, purpose of this book is to offer you proven and effective ways to communicate the keywords and phrases themselves. The aim of this is to enhance your global communication skills. Whenever business leaders ask me to help them and their companies create, shape, and sustain a new organizational culture, I try to help them use the talents, insights, and creative energies of their employees. In guiding this collective leadership effort, I am amazed at how broad and deep is the desire for learning one of the core competencies of global business today: key words and phrases in a foreign language. Developing your foreign language skills, and practicing them in the context of the scenarios in this book will improve your chances for business success.

If you assume that English is the only language necessary for successful business interactions, you may be limiting yourself to fewer growth possibilities, and you may even offend potential clients or associates. But speaking the words and phrases of another language is only part of the equation to more effective communication.

Just as important is your understanding of when they should be used in dialogue. When you start applying the knowledge you will acquire with the help of this book, you will be perceived as a person willing to expand his or her communication horizons beyond what's comfortable. You will reveal an intellectual curiosity that will gain the respect of your business partners and your colleagues. Now, let's go to work!

—*Timothy Dobbins*

INTRODUCTION

Even if your French is not completely fluent, and you don't have the time for a French course, *Business Companion* is here to help you get by and get ahead in doing business in France. This phrase book provides you with the basic phrases and expressions you'll need in everyday business situations, as well as with hundreds of very technical business terms and phrases that you would have a hard time finding elsewhere.

This book can be used to quickly look up a technical term or to find information on the French business culture. It can also be used as a continuous read to acquire the knowledge of French that is needed in a variety of real-life business situations, from talking on the phone or giving presentations to negotiating deals or hosting business dinners.

Before you get started, here is how the book is organized:

Pronunciation Guide

This guide to French pronunciation helps you pronounce any French word without stumbling.

Chapters 1–6

These chapters provide more than 1,000 phrases and sentences to be used when on the telephone, in a negotiating meeting, at the dinner table with your business associate, or when settling down in your office abroad. They also provide you with many French language basics, such as numbers, telling time, emergency expressions, or days of the week.

Dialogues

Each chapter has several dialogues, which recreate a variety of business situations, to help you experience the language as it is actually used in real-life situations.

Key Words

Here, you will find lists of important words and phrases you need to remember from each chapter section. For easy reference, the key words appear in shaded boxes.

Culture Notes

Culture notes are interspersed throughout the chapters, providing you with helpful information about general and business-specific customs and behaviors in France. You can locate culture notes in the text by looking for a globe icon.

Appendices

The appendices provide more useful practical information such as: measurements, holidays, addresses and phone numbers for embassies, or interesting Web sites. To refresh your language skill, we also include a grammar summary.

Glossary of Industry-Specific Terms

The Glossary of Industry-Specific Terms contains more than 700 terms, used in different industries, that you would have trouble finding in a general dictionary.

General Glossary

The two-way general glossary lists the vocabulary used in the six chapters of the book.

CD

If you purchased this book in a package including a CD, you can listen to a one-hour recording containing hundreds of words and phrases from Chapters 1 through 6. All the recorded words and phrases appear in the boldface type.

PRONUNCIATION GUIDE

CONSONANTS

French Spelling	Approximate Sound	Example
b, d, k, l, m, n, p, s, t, v, z	Same as in English, but often silent at the end of a word	
c (before *e, i, y*)	s	*cinéma*
c (before *a, o, u*)	k	*cave*
ç (appears only before *a, o, u*)	s	*français*
ch	sh	*chaud*
g (before *e, i, y*)	zh as in *measure*	*âge*
g (before *a, o, u*)	g as in *game*	*gâteau*
gn	ny as in *onion*	*agneau*
h	Never pronounced	*homme*
j	zh as in measure	*Jacques*
qu, final *q*	k	*qui, cinq*
r	Pronounced in the back of the mouth, like a light gargling sound	*Paris*
ss	s	*tasse*
s (beginning of word or before consonant)	s	*salle, disque*
s (between vowels)	z as in *zebra*	*maison*
th (rare)	t	*thé*
x (between vowels)	gz as in *exact*	*exact*
x (before a consonant)	ks as in *excellent*	*excellent*
ll (between a vowel followed by *i*, and *e*)	y as in *yes*	*volaille*
ll (in all other cases)	l as in *ill*	*elle*

VOWELS

French Spelling	Approximate Sound	Example
a, à, â	*a* as in *father*	*la, là, âge*
é, er, ez (at the end of a word)	*e* as in *lay*, but without the final *y* sound	*été, aller, arretez*
e followed by a final consonant	*e* as in *met*, but longer and more open	*belle, jouet*
e at the end of a word or a syllable	Not pronounced	*belle, appeler*
è, ai, aî	*e* as in *met*, but longer and more open	*père, paire, chaîne*
e, eu, oeu	*u* as in *above*	*le, leur, voeux*
i	*ee* as in *beet*	*ici*
i followed by a vowel	*y* as in *yes*	*lion*
o, au, eau, ô	*o* as in *ball*	*mot, chaud, beau, hôte*
ou	*oo* as in *tooth*	*vous*
oi, oy	*wa* as in *watt*	*moi*
u	No equivalent in English; round your lips for *oo*, and say *ee* instead	*tu*
ui	*wee* as in *week*	*lui*

NASAL VOWELS

Letters	Pronounced As…	Example
an, en/em	ah^n	*France, emmener*
in/im, ain/aim, ein/ eim, ien, oin	eh^n	*vin, vain, faim, sein, rien, loin*

French Spelling	Approximate Sound	Example
on/om, ion	oh^n	*bon, tomber, station*
un/um	uh^n	*un, parfum*

Nasal vowels are vowels followed by a nasal consonant, e.g., *an, in, en,* or *an.* These vowels are produced when air is expelled from both the mouth and the nose. The *n* or *m* letter that follows these vowels is not fully pronounced; instead, it gives a nasal sound to the vowel that precedes it.

1 GETTING STARTED

Business is global, business is fast-paced, and business is high-tech. There is an energy and urgency underlying our activities and communications.

High-tech tools give instant access to clients and associates. Finding the right way to communicate is the key to success in business as much as it is in our private lives. Learning the following greetings, introductions, or openers will go a long way. When you say "Hello!" to people in their native language, you show your willingness to make an effort in their tongue and you also make a great first impression.

We cover a bunch of subjects, all aimed at getting you started in doing business successfully overseas. Here is a summary of this chapter's sections:

Telling Time and Giving Dates
Business Letters
Computers, E-mail, and the
Internet

So let's start with the basics—the opener, the ice-breaker, the hand offered in greeting.

SAYING HELLO

"Dire bonjour"
MONSIEUR SMITH: *Bonjour, je suis Monsieur Smith.*
MONSIEUR DUPONT: *Je suis Monsieur Dupont. Je vous attendais à dix heures.*
MONSIEUR SMITH: *Je vous prie d'excuser mon retard. Le chauffeur de taxi n'arrivait pas à trouver votre adresse.*
MONSIEUR DUPONT: *Entrez, prenez place.*

"Saying Hello"
MR. SMITH: Hello, my name is Mr. Smith.
MR. DUPONT: My name is Mr. Dupont. I was expecting you at ten.
MR. SMITH: Yes. I'm sorry to be late. The taxi didn't know how to find you.
MR. DUPONT: Well, come in and have a seat.

Key Words	
Good-bye.	*Au revoir.*
Hello.	*Bonjour.*
How are you?	*Comment allez-vous?*

Introduce oneself/ someone (to) *	*se présenter/présenter quelqu'un*
It's nice to meet you.	*C'est un plaisir de faire votre connaissance.*
Name	*le nom*
Repeat (to)	*répéter*

Good morning/ afternoon/evening.	Bonjour./Bonjour./Bonsoir.
Good-bye.	**Au revoir.**
Hello./Hi.	**Bonjour./Salut.** *(infml., day)/* **Bonsoir.** *(evening, after 6 p.m.)* **
See you soon/later.	**À bientôt./À plus tard.**
See you tomorrow/next week/next year.	**À demain./À la semaine prochaine./À l'année prochaine.**
It's a pleasure to see you again.	**C'est un plaisir de vous revoir.**
It's great to see you again.	**J'ai beaucoup de plaisir à vous revoir.**
How are you?	**Comment allez-vous?**
It's a pleasure to finally meet you.	**C'est un plaisir de vous rencontrer enfin.**
I'm glad to meet you in person. (We've spoken on the phone so many times.)	**Je suis heureux /heureuse de vous rencontrer en personne. (Nous nous sommes parlé(e)s tant de fois au téléphone.)**
I'm honored to be here.	**Je suis honoré(e) d'être ici.** *(fml.)*

---

* Note that throughout the manuscript, verbs will be given in their infinitive form. For easier location in alphabetized lists, the verbs will be followed by *to* rather than preceded, e.g., *repeat (to)* for *to repeat*.
** The following abbreviations will be used in this chapter and throughout the book: *f.* for feminine; *m.* for masculine; *sg.* for singular; *pl.* for plural; *fml.* for formal; *infml.* for informal.

I'm so glad to be here.   Je suis très heureux/heureuse
                           d'être ici.

INTRODUCING YOURSELF AND GETTING NAMES RIGHT

Names are important for a business relationship. Get them right! Since a person's name is critically important to that person, if you get it wrong, it can mean an unsuccessful business connection.

If a person's name seems long or difficult, ask what they prefer to be called. Use whatever name they say. If they want to use their full name, then it's up to you to learn it. It's part of doing business abroad. No one said it was going to be easy. At the same time, you should know that English names can be just as difficult for your foreign contacts, so be as patient and flexible as you would expect others to be.

The ways of addressing other people are becoming less formal in France. However, it is still unacceptable to address another businessman or businesswoman by first name. Greet your local counterpart with *Monsieur* or *Madame*, without the name, as in *Bonjour, Madame!*, and continue using *Monsieur* and *Madame* followed by the last name as long as necessary. Even long-standing business relationships are rarely on a first-name basis. You should wait for the local person to suggest switching to first names. Even at that point, you will continue using the formal *you*, or *Vous* in French, with your colleague. To ask a business partner for his or her shorter name or nickname, though common in America, would be very inappropriate in France.

There are some "hip" companies in Europe with a less formal approach to business relations. Most of the emerging Internet companies are a good example. But even if many employees of those companies are on a first name basis, it is still highly uncommon to use the informal *you*, or *tu* in French, with office colleagues and business relations.

My name is . . .	**Mon nom est . . .**
I am . . . /I'm called . . .	Je suis . . ./**Je m'appelle . . .**
What is your name?	**Comment vous appelez-vous?**/Quel est votre nom?
You are?	Vous êtes?
Can you please repeat your name?	**Pourriez-vous répéter votre nom, s'il vous plaît?**
Can you please write your name/it down for me?	Pourriez-vous écrire votre nom/mettre cela par écrit pour moi, je vous prie?
How do you spell that?	**Comment épelez-vous cela?**
My name is spelled . . .	**Mon nom s'écrit . . .**
My title/position is . . .	**Mon titre/**ma position **est . . .**
How do you do?	**Enchanté(e)./Comment allez vous?**
It's a pleasure to meet you. I am . . .	C'est un plaisir de faire votre connaissance. Je suis . . .
It's nice to meet you. I'm . . .	**Enchanté(e). Je suis . . .**
So, we finally meet.	Nous nous rencontrons enfin.
Please call me.	**Appelez-moi, je vous prie.**
Please/Let's keep in touch.	**Restez/Restons en contact.**

In France, as elsewhere in Europe, people shake hands much more often than do people in the United States: not just when they're first introduced to a person, but every time they meet again, both upon arrival and when they leave. A short and moderately firm shake is appropriate and should be accompanied by a steady eye contact. An older or higher status person initiates the handshake. Normally, it is a woman's prerogative (regardless of the rank) to initiate a handshake.

In general, the French use more hand and arm gestures than do Americans.

INTRODUCING OTHERS

Mr. Durand, may I introduce you to Ms. Clair?	M. Durand, puis-je vous présenter à Mme Clair?
I'd like to introduce you to Ms. Clair.	**J'aimerais vous présenter à Mme Clair.**
Ms. Dumont, this is Mr. Pascal.	M. Dumont, voici M. Pascal.
Have you met Mr. Thomas?	**Avez-vous déjà rencontré M. Thomas?**
It's important for you to meet Ms. Jacques.	Il est important que vous fassiez la connaissance de Mme Jacques.
You should meet Mr. Philibert.	**Vous devriez rencontrer M. Philibert.**

THANK YOU AND PLEASE

Thank you (very much).	**Merci (beaucoup).**
You're welcome.	**Je vous en prie./De rien.** *(infml.)***/Pas de quoi.** *(infml.)*
Please.	**S'il vous plaît./Je vous prie.**
Excuse me.	**Excusez-moi.**
Sorry.	**Désolé(e).**
I'm so sorry.	**Je suis absolument désolé(e).**
It doesn't matter.	**Ça ne fait rien.**
That's fine/Okay.	**C'est bon./Tout est en ordre.**
Here you go. *(when handing something over)*	**Voilà.**

6

SMALL TALK

When you make even a stumbling attempt at small talk, you show that you're willing to put yourself out there and make an effort. You don't need to be perfect, you just need to show you'll take a lead and try your best to make a great first impression. In most cases you will even discover that the attempt to make small talk in French will trigger your speaking partner to help you along with words, which might not only carry the conversation, but provide some humor and break barriers as well.

We Americans are a "chatty" bunch of people. People in other cultures do not feel so pressed to make "small talk" and keep the conversation going, even when there is not so much to be said. So don't get impatient or offended if there are moments when people don't have anything to say to you, and don't push a conversation on others. Learning to communicate in other languages and cultures is like learning to dance—relax and let the music lead you. Don't forget to keep a certain business formality, though humor is also quite welcome when doing business in France.

"Conversation"

MONSIEUR DUBOIS: Comment s'est passé votre vol?

MADAME CHAMAY: Nous avons eu quelques turbulences, mais le repas était étonnamment bon.

MONSIEUR DUBOIS: Probablement pas aussi bon que dans ce restaurant.

MADAME CHAMAY: Avez-vous déjà mangé ici?

"Small Talk"

MR. DUBOIS: How was your flight?

Ms. CHAMAY: It was somewhat turbulent. But the food was surprisingly good.

MR. DUBOIS: Probably not as good as in this restaurant.

Ms. CHAMAY: Have you eaten here before?

Key Words

English	l'anglais/anglais(e)
French	le/la français(e)
How do you say ...?	Comment dit-on ...?
I don't understand.	Je ne comprends pas.
Language	la langue
Repeat, please.	Répétez, je vous prie.
Today	aujourd'hui
Tomorrow	demain
Weather	le temps

How are you?	Comment allez-vous?
What's new?	Quoi de neuf?
How are you feeling this morning?	**Comment vous sentez-vous ce matin?**
Very well./Fine. Thank you. And you?	**Très bien.**/Bien. Merci. Et **vous-même?**
It's very hot/cold today.	**Il fait très chaud**/froid **aujourd'hui.**
What beautiful/lousy weather!	**Quel temps magnifique**/épouvantable!
It's supposed to rain/to snow/to be nice tomorrow.	**Il doit pleuvoir**/neiger/faire beau **demain.**
Is it always this hot here?	Fait-il toujours aussi chaud ici?
I'm looking forward to working with you.	**Je me réjouis de travailler avec vous.**
I am looking forward to our time together.	Je me réjouis de passer du temps avec vous.
Me too.	**Moi aussi.**

8

I'd like to keep in touch with you.	J'aimerais rester en contact avec vous.
I'll give you a call when I get back (to my office).	**Je vous appellerai quand je reviendrai** (à mon bureau).
Please call me.	**Appelez-moi, s'il vous plaît.**
I want to try using your language.	**J'aimerais essayer de parler français.**
I'm afraid I'm not very good at it.	**Je crains de ne pas me débrouiller très bien.**
Please be patient with me.	**Ayez de la patience avec moi, s'il vous plaît.**
Unfortunately, I speak only English.	**Je ne parle malheureusement que l'anglais.**
I'd like to learn (some words in) French.	**J'aimerais apprendre quelques mots de français/le français.**
Can you teach me some words in your language?	**Pouvez-vous m'apprendre quelques mots français?**
Of course, it will be my pleasure.	**Bien sûr, avec plaisir.**
How do you say . . . ?	**Comment dit-on . . . ?**
Can you say that again?	**Pourriez-vous répéter cela?**
Repeat, please.	Répétez, je vous prie.
How do you write that?	Comment écrivez-vous cela?

The safest small talk? Yes, the weather. When in doubt, talk about the weather; it is the least controversial subject. It's non-political, non-religious, and non-business.

"Le temps"
MADAME PHILIPPE: *Le temps a bien changé.*
MONSIEUR LÉON: *Oui, hier il faisait beau et aujourd'hui il pleut des cordes.*
MADAME PHILIPPE: *Est-ce qu'il pleut souvent à cette époque de l'année?*

9

MONSIEUR LÉON: *Pas vraiment. C'est seulement une journée pluvieuse.*

"The Weather"

MS. PHILIPPE: The weather sure has changed.
MR. LÉON: Yes. Yesterday it was clear, but now it's raining buckets.
MS. PHILIPPE: Is this the season for rain?
MR. LÉON: Not really. It's just a rainy day.

Key Words

Clear	*clair/beau*
Cold	*froid(e)*
Cool	*frais/fraiche*
Hot	*très chaud(e)*
Rain	*la pluie*
Rainy	*pluvieux/pluvieuse*
Snow	*la neige*
Storm	*la tempête*
Stormy	*orageux/orageuse*
Warm	*chaud(e)*
Weather	*le temps*

What's the temperature?	**Quelle est la température?**
It's 15 degrees Celsius.*	**Il fait 15 (quinze) degrés Celsius.**
What's the average temperature this time of year?	Quelle est la température moyenne à cette époque de l'année?
What's the weather report?	**Quelles sont les prévisions de la météo?**
What's the forecast for tomorrow?	Quelles sont les prévisions pour demain?

---

* Refer to Appendix A for a temperature conversion table for Celsius and Fahrenheit.

It's going to stay nice.	Le temps restera beau.
It's going to be cloudy.	Le temps sera nuageux.
It should be sunny.	Il devrait faire beau.
The forecast is for warm weather.	Il devrait faire chaud.
We're going to have beautiful weather.	**Nous aurons un temps superbe.**
We're going to have cold weather.	**Il fera froid.**
We're going to have good weather.	Le temps sera au beau.
We're going to have hot weather.	Il fera très chaud.
We're going to have bad weather.	Il fera mauvais temps.
Will it . . .	**Va-t-il . . .**
rain?	pleuvoir?
snow?	**neiger?**
How are the road conditions between . . . and . . . ?	Quelles sont les conditions routières entre . . . et . . . ?
It's very foggy.	**Il y a beaucoup de brouillard.**
It's very slippery.	**Les routes sont très glissantes.**
The roads have been plowed.	Les routes ont été déblayées.

Although building a relationship is important in business in France, the French are less likely to engage in typical small talk than Americans. Instead, showing your knowledge of and interest in France, its history, literature, art, or cuisine, is a good way to start and build a rapport.

PRESENTING YOUR BUSINESS AND DEPARTMENT

Following the initial greetings and introductions, you may wish to identify your company, your organization or group, and/or your position in it. Never take for granted that others know your role.

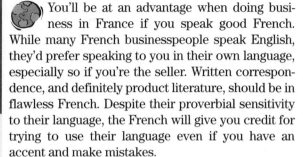 You'll be at an advantage when doing business in France if you speak good French. While many French businesspeople speak English, they'd prefer speaking to you in their own language, especially so if you're the seller. Written correspondence, and definitely product literature, should be in flawless French. Despite their proverbial sensitivity to their language, the French will give you credit for trying to use their language even if you have an accent and make mistakes.

The name of my company is . . .	**Le nom de ma société/**compagnie **est** . . .
I/We specialize in . . .	Je suis/**Nous sommes spécialisé(e)(s) en** . . .
My department is . . .	**Je travaille pour le département de** . . .
I am with . . .	Je travaille pour . . .
I work with . . .	**Je travaille avec** . . .
I'm . . .	**Je suis** . . .
president of . . .	président(e) de . . .
vice president of . . .	vice-président(e) de . . .
in charge of operations.	chargé(e) des opérations.
the chief financial officer.	le directeur financier/**la directrice financière.**
the treasurer.	le trésorier/la trésorière.
a director.	directeur/directrice.
a manager.	manager/gérant(e).
the leader of our team.	le chef/la chef de notre équipe.
I work . . .	**Je travaille** . . .
in administration.	dans le département administratif.
in customer service.	au service clients.
in finance.	au département des finances.

in human resources.	dans le secteur des ressources humaines.
in the legal department.	dans le département juridique.
in marketing.	**dans le secteur du marketing.**
in production.	dans le contrôle de production.
in sales.	dans les ventes.

With more women in the high-ranking or executive positions in France and other French-speaking countries, the trend has been to use the feminine forms of the titles that traditionally were only used in their masculine form, e.g., *directrice* (f.) is used alongside *directeur* (m.). You should know, however, that this usage is still very much in flux, and that even among women, depending on their age, status, or country of origin, you will find varying opinion on what the appropriate usage is. Therefore, remain flexible and ask if you're not sure what to do.

EXCHANGING BUSINESS CARDS

When offering your business card (*la carte de visite*), pay attention to French cultural norms. In general, never force a card on a potential client. Try to sense if a potential business partner is interested. It is also not appropriate to use a social event to hand out business cards too generously, such as during lunch or dinner. The safest way to hand out your card is always by first asking for theirs. Naturally, the person you speak to will ask for one in return. Don't stuff the card into your pocket immediately once you get it! And don't write a restaurant's telephone number on the back of it (at least not in front of the person)! Be sure to actually take a look at it and note what's on it. Then, put it away in a careful manner. One last point: You may be passing out more business cards than at home, so bring plenty.

"Une rencontre au bureau"

MADAME SMITH: Madame Grand, voici ma carte. Mon numéro est le 01 34 23 24 60 [zéro un trente-quatre, vingt-trois, vingt-quatre, soixante]. Vous avez également mon adresse e-mail. Pourrais-je également avoir votre carte, Madame Grand?

MADAME GRAND: Bien sûr. Voilà.

MADAME SMITH: Oh, je vois que vous travaillez au bureau de Paris. Et votre adresse e-mail est indiquée.

"A Meeting at the Office"

MS. SMITH: Ms. Grand, this is my card. You will see that my phone number is 01 34 23 24 60. My e-mail address is also included. Ms. Grand, may I have one of your cards?

MS. GRAND: Sure. Here you go.

MS. SMITH: Oh, I see that you work out of the Paris office. Also, I see your e-mail address is here.

Here is my business card.	**Voici ma carte** (de visite).
Our telephone number is . . .	**Notre numéro de téléphone est le . . .**
Our address is . . .	Notre adresse est . . .
My e-mail address is . . .	Mon adresse e-mail est . . .
May I have one of your business cards?	**Pourriez-vous me donner l'une de vos cartes?**
Do you have a business card?	Avez-vous une carte de visite?

Your company has very nice business cards.	**Votre compagnie a de belles cartes de visite.**
Your card looks very nice.	Vous avez de belles cartes de visite.
Your logo is very nice.	Votre logo est très attractif.
Could you pronounce your name for me?	**Comment prononcez-vous votre nom?**
Could you repeat your name?	Pourriez-ous répéter votre nom, s'il vous plaît?
Could you repeat the name of your firm?	Pourriez-vous répéter le nom de votre compagnie?

TELEPHONE: MAKING A CALL

When you're trying to be understood in another language, using a telephone is not as simple as picking up the receiver. Here are the vocabulary and the phrases you will need to make this common business activity a success, even in French.

"Au téléphone"
MONSIEUR SIMON: *Pourriez-vous répéter le numéro, je vous prie?*
STANDARDISTE: *Le numéro est le 01 34 23 24 60 [zéro un, trente-quatre, vingt-trois, vingt-quatre, soixante]. Je vous mets en communication.*
MONSIEUR SIMON: *Merci.*

"On the Phone"
MR. SIMON: Would you repeat that number, please?
OPERATOR: The number is 01 34 23 24 60. Let me transfer you now.
MR. SIMON: Thank you.

15

Key Words

Answer (to)	répondre (à)
Answering machine	le répondeur
Be on hold (to)	être en attente (pour)
Busy	occupé(e)
Call (to)	appeler
Calling card	la carte téléphonique
Cellular phone	le (téléphone) portable/ le cellulaire (Québec)
Dial (to)	composer (le numéro)
Extension	le poste (interne)
Hang up (to)	raccrocher
International call	l'appel international (m.)
Line	la ligne
Local call	l'appel local (m.)
Long-distance call	l'appel international/ interurbain (m.)
Message	le message
Number	le numéro
Operator	le/la standardiste
Put on hold (to)	mettre en attente (pour)
Telephone	le téléphone
Transfer (to)	transférer (à)/mettre en communication (avec)
Voice mail	messagerie vocale

I'd like to place a call.	J'aimerais passer un appel téléphonique.
How can I make a phone call?	**Comment puis-je passer un appel téléphonique?**
Where can I make a phone call?	Où puis-je passer un appel téléphonique?
Is there a telephone booth here?	Y a-t-il une cabine téléphonique ici?
How much does a local call cost?	**Combien coûte un appel local?**

Can I use my calling card on this phone?	**Puis-je utiliser ma carte téléphonique sur ce téléphone?**
How can I make a local call?	Comment puis-je passer un appel local?
How can I make a long-distance call?	Comment puis-je passer un appel interurbain?
How can I make a conference call?	**Comment puis-je organiser une conférence téléphonique?**
How do I get an outside line?	**Comment puis-je obtenir une ligne pour un appel extérieur?**
How can I call the United States?	Comment puis-je appeler aux États-Unis?
Please . . .	**S'il vous plaît . . .**
call this number.	appelez ce numéro.
dial this number.	composez ce numéro.
forward this call.	passez cet appel.
get an operator.	appelez le/la standardiste.
redial this number.	composez ce numéro à nouveau.
transfer this call.	**transférez cet appel.**
I need to call Ms. Masson.	J'ai besoin d'appeler Mme Masson.
I would like to leave a message.	**J'aimerais laisser un message.**
No one is answering.	**Personne ne répond.**
Please hang up.	**Raccrochez, s'il vous plaît.**
My party hung up.	Mon interlocuteur/ interlocutrice a raccroché.
I was put on hold.	**On m'a placé(e) en attente.**
Please put me on speaker.	Tranférez-moi sur le haut-parleur, je vous prie.
I have you on speaker.	**Vous êtes sur haut-parleur.**
How do I redial?	Comment puis-je recomposer le numéro?
How do I forward/transfer this call?	Comment puis-je passer/transférer cet appel?

17

I'd like to check my voice mail.	J'aimerais contrôler ma messagerie vocale.
How do I make a recording?	Comment puis-je enregistrer (un message)?
Do you have . . .	Avez-vous . . .
an answering machine?	un répondeur téléphonique?
a calling card?	une carte téléphonique?
a direct line?	une ligne directe?
a switchboard?	un standard téléphonique?
a telephone directory?	un annuaire téléphonique?
a contact list?	une liste de contacts?
I would like to buy . . .	J'aimerais acheter . . .
a car phone.	un téléphone pour la voiture.
a cellular phone.	un téléphone portable/un cellulaire.
a portable phone.	un téléphone sans fil.
a video phone.	un vidéotéléphone.
Does your office have . . .	Votre bureau dispose-t-il . . .
e-mail capability?	de facilités e-mail?
Internet access?	d'un accès internet?
Web access?	d'une connection au (world wide) web/réseau mondial?
The line is busy.	La ligne est occupée.
We have a bad connection.	La ligne est mauvaise.
We got cut off.	Nous avons été coupé(e)s.

TELEPHONE: GETTING THROUGH

"Recevoir une communication"
MONSIEUR SMITH: Allô?
MONSIEUR TANNAY: Allô. Tannay à l'appareil.
MONSIEUR SMITH: Bonjour. J'aimerais parler à Monsieur Huber.
MONSIEUR TANNAY: Un moment, s'il vous plaît . . .
Je regrette, mais Monsieur Huber n'est pas là.
Voulez-vous laisser un message?

MONSIEUR SMITH: Oui. Dites-lui, s'il vous plaît, d'appeler Monsieur Smith dès que possible à l'Hôtel Hilton au numéro 01 34 23 24 60 [zéro un, trente-quatre, vingt-trois, vingt-quatre, soixante]. Mon numéro de chambre est le 523 [cinq cent vingt-trois].

MONSIEUR TANNAY: Je lui communiquerai le message.

"Getting Through"

MR. SMITH: Hello?

MR. TANNAY: Hello. This is Mr. Tannay speaking.

MR. SMITH: Hello. I would like to speak to Mr. Huber.

MR. TANNAY: Please hold . . . I'm sorry, but Mr. Huber is not here. May I take a message?

MR. SMITH: Yes. Please tell him to call Mr. Smith as soon as possible at the Hilton Hotel, number 01 34 23 24 60. My room number is 523.

MR. TANNAY: I'll give him the message.

Hello?	**Allô?**
This is Hervé Keller calling/speaking.	**Ici Hervé Keller.**
I'd like to speak to Mr. Lebrun.	J'aimerais parler à M. Lebrun.
Could I speak to Ms. Sommer?	**Pourrais-je parler à Mme Sommer?**
Do I have the office of Mr. Verlan?	Suis-je en communication avec le bureau de M. Verlan?
Could you connect me with Ms. Adams?	Pouvez-vous me passer Mme Adams?
Extension 345, please.	**Poste interne 345 [trois cent quarante-cinq], s'il vous plaît.**

Please put me through to Ms. Seger.	Passez-moi Mme Seger, je vous prie.
I don't mind holding.	Je peux rester en ligne.
Is Mr. Lagier available?	M. Lagier est-il disponible?
Is Ms. Vallon in the office?	Mme Vallon est-elle au bureau?
When do you expect Mr. Martin to return?	Quand M. Martin doit-il revenir?
He/she is busy/not available right now.	Il/Elle est occupé(e)/indisponible en ce moment.
He/she is not at his desk.	Il/Elle n'est pas à son bureau.
He/she is . . .	Il/Elle . . .
in a meeting.	est en réunion.
out to lunch.	est parti(e) déjeuner.
out of town/away from the office.	n'est pas en ville/au bureau.
Yes, I understand.	Oui, je comprends.
I'm sorry, I did not understand.	Excusez-moi, je n'ai pas compris.
Could you please repeat that?	Pourriez-vous répéter, s'il vous plaît?
Certainly.	Certainement.
Could you repeat your name?	Pourriez-vous répéter votre nom?
Could I ask you to spell that please?	Puis-je vous demander d'épeler cela, s'il vous plaît?

TELEPHONE: WHY YOU ARE CALLING

I'm calling to follow up with/on . . .	J'appelle suite à . . .
I would like to arrange an appointment with . . .	J'aimerais prendre rendez-vous avec . . .
The reason for my call is . . .	La raison de mon appel est . . .
I'm calling at the request of . . .	J'appelle à la demande de . . .

I'm calling to tell you . . .	J'appelle pour vous dire (que) . . .
This call is in reference to . . .	Cet appel est en relation avec . . .
Mr. Lagier asked me to call him this morning.	**M. Lagier m'a demandé de l'appeler ce matin.**
I'm returning Mr. Smith's call.	**Je rappelle M. Smith.**
You may remember . . .	Vous vous souvenez peut-être . . .
Who's calling?	**Qui est à l'appareil?**
Hold the line.	**Un moment, s'il vous plaît.**
You have a call on line one.	**Vous avez un appel sur la ligne un.**
You have the wrong number.	**Vous avez le mauvais numéro.**

SETTING A TIME FOR AN APPOINTMENT OR MEETING

Appointments are generally made over the telephone. While it is true that more arrangements are now being made by e-mail, it's to your advantage to speak to the person directly, to his or her secretary, or through voice mail. These days, busy people receive many e-mails each day. You don't want your request for an appointment to get lost in that sea of e-mail.

"Prendre rendez-vous"

MADAME CAROLIER: Nous aimerions commencer la réunion à dix heures.

MONSIEUR HUBERT: Pourrions-nous commencer plus tôt, vers neuf heures trente?

MADAME CAROLIER: Parfait. Nous serons à votre bureau quelques minutes avant neuf heures trente.

MONSIEUR HUBERT: A bientôt.

21

"Setting the Appointment"

MS. CAROLIER: We would like to start the meeting at ten.

Mr. Hubert: Could we start earlier, say 9:30?

MS. CAROLIER: Fine. We'll be in your office a few minutes before 9:30.

MR. HUBERT: See you then.

Key Words

Appointment	le rendez-vous
Beginning/End	le début/la fin
Calendar	le calendrier
Cancel an appointment (to)	annuler un rendez-vous
Day	le jour
Earlier	plus tôt
Later	plus tard
Make an appointment (to)	prendre rendez-vous (pour/de)
Meeting	la réunion
Okay.	D'accord.
Schedule	l'horaire (m.)
Start (to)	commencer
Time	l'heure (f.)
Week	la semaine

Time

I'd like to meet with you tomorrow.	J'aimerais vous rencontrer demain.
Would next week be okay?	Est-ce que la semaine prochaine vous conviendrait?
How does Thursday/next week look?	Êtes-vous disponible jeudi/la semaine prochaine?

Does he/she have room on her calendar for . . . ?	A-t-il/elle de la place sur son agenda le . . . ?
It's important to meet soon.	Il est important de nous rencontrer bientôt.
I can't meet next week.	Je ne suis pas disponible la semaine prochaine.
I'm not available/busy tomorrow.	Je ne suis pas disponible/pris(e) demain.
At what time will the meeting begin?	À quelle heure la réunion doit-elle commencer?
What time do we begin?	À quelle heure commençons-nous?
When will the meeting be over?	Quand la réunion se termine-t-elle?
When do we finish?	Quand finissons-nous?
Tomorrow is fine/excellent.	Demain convient très bien/parfaitement.

Place and Directions

Where shall we meet?	Où voulez-vous que nous nous rencontrions?
Do you wish to meet in my office?	Voulez-vous que nous nous donnions rendez-vous à mon bureau?
Shall I come to your office?	Voulez-vous que je vienne à votre bureau?
Where is your office/hotel?	Où est votre bureau/hôtel?
Could you fax me a map, please?	Pourriez-vous me faxer une carte, s'il vous plaît?
Please wait while I get a pencil and some paper.	Un moment, je prends de quoi écrire.
Do you need directions to my office?	Avez-vous besoin d'explications pour trouver mon bureau?
I will meet you in my office/ the lobby of the hotel.	Je vous rencontrerai dans mon bureau/dans le lobby de l'hôtel.
Where is the hotel?	Où est l'hôtel?

Completing the Conversation

Thank you very much for your assistance.	**Merci beaucoup pour votre aide.**
It's been a pleasure to talk to you.	**Je suis très heureux/heureuse de pouvoir m'entretenir avec vous.**
I'm very glad we were able to talk.	Je suis très heureux que nous ayons pu nous parler.
I can't believe we finally connected!	Nous nous sommes finalement entendus!
I look forward to the meeting.	**Je me réjouis à l'idée de notre prochaine rencontre.**
I look forward to hearing from/talking to you again.	Je me réjouis d'avoir de vos nouvelles/de vous parler à nouveau bientôt.
Take care, and I hope to see you soon.	J'espère avoir le plaisir de faire votre connaissance prochainement.

Other Helpful Phrases While on the Telephone

Yes, I understand.	**Oui, je comprends.**
I'm sorry. I did not understand you.	**Excusez-moi, je ne vous ai pas compris.**
Could you please repeat that/your name?	Pourriez-vous répéter cela/votre nom, s'il vous plaît?
Could you please spell the/ your name for me?	Pourriez-vous épeler cela/votre nom, s'il vous plaît?
All right./Okay./Sure.	**Très bien./D'accord./ Certainement.**
May I read the number back to you?	Puis-je vous relire le numéro?
Could you please speak louder?	**Pourriez-vous parler plus fort, je vous prie?**

| This is a bad line. | **La communication n'est pas bonne.** |
| Let me call you back. | **Permettez-moi de vous rappeler.** |

TALKING TO MACHINES: VOICE MAIL AND ANSWERING MACHINES

Remember to speak slowly and repeat important information, such as telephone numbers, names, and specific times.

"Laisser un message"
MONSIEUR SMITH: *Monsieur Savoy, c'est Albert Smith de la compagnie Amalgamated à l'appareil. Je suis à l'Hôtel Hilton. Le numéro ici est le 01 23 45 67 60 [zéro un vingt-trois quarante-cinq soixante-sept soixante]. Je serai heureux de vous voir à huit heures pour dîner, comme nous l'avions convenu précédemment. Pouvez-vous passer me chercher à l'hôtel? Je répète: Je suis au Hilton, numéro 01 23 45 67 60. Faites-moi savoir si huit heures vous convient.*

"Leaving a Message"
MR. SMITH: Mr. Savoy, this is Albert Smith of Amalgamated. I'm staying at the Hilton Hotel. The telephone here is 01 23 45 67 60. I would like to meet you for dinner at 8:00 p.m. as we had talked about. Could you pick me up at the hotel? Again, I'm at the Hilton, telephone number 01 23 45 67 60. Let me know if eight o'clock works for you.

Key Words

Answering machine	le répondeur téléphonique
Dial (to)	composer (le numéro de)
Leave a message (to)	laisser un message (pour)
Message	le message
Pound key	la touche dièse
Voice mail	la messagerie vocale

I would like to leave a message.	J'aimerais laisser un message.
Could you transfer me to his voice mail?	Pourriez-vous me tranférer à sa messagerie vocale?
Please tell . . . I will call later/at a later date.	Dites à . . ., s'il vous plaît, que j'appellerai plus tard/un autre jour.
Please tell . . . to give me a call as soon as possible.	Dites à . . ., s'il vous plaît, de m'appeler dès que possible.
I will call back again later.	Je rappellerai plus tard.
May I ask who is calling?	Puis-je savoir qui appelle?
Would you like to leave a message?	Désirez-vous laisser un message?
Would you like to leave your name and number?	Souhaitez-vous laisser vos coordonnées?
Please hold while I try that extension.	Restez en ligne pendant que j'essaie le numéro interne, je vous prie.
Is there anything you would like me to tell . . . ?	Puis-je transmettre un message à . . . ?
This is . . . . I'm away from my desk.	Ici . . . . Je suis momentanément absent(e).
You have reached . . .	Vous êtes en communication avec . . .
I'm away from the office until . . .	Je serai absent(e) jusqu'au . . .
I'm on vacation until . . .	Je serai en vacances jusqu'au . . .

I'm on the other line.	**Je suis en communication sur l'autre ligne.**
Please call back after nine a.m. on Monday, June 1.	Prière de rappeler après neuf heures du matin lundi, le 1er juin.
Please leave a message.	**Veuillez laisser un message.**
Leave a message after the tone.	Laissez un message après le bip sonore.
Please leave your name, number, and a brief message, and I will call you back (as soon as I can).	Veuillez laisser votre nom, numéro de téléphone et un bref message; je vous rapellerai (dès que possible).
If you wish to speak to my assistant, please dial extension . . .	**Si vous souhaitez parler à mon assistant(e), composez le numéro interne . . .**
To return to an operator, please press zero now.	Pour être transféré au standard, appuyer sur la touche zéro.
To return to the main menu, please press four.	Pour revenir au menu principal, appuyer sur la touche quatre.
To leave a message, press . . . now.	Pour laisser un message, appuyer sur la touche . . . .
To speak to an operator, press zero now.	Pour parler à un(e) standardiste, appuyer sur la touche zéro.

TELLING TIME AND GIVING DATES

"Donner l'heure"

MONSIEUR LAMBERT: Quelle heure est-il?
MONSIEUR ABEL: Il est dix heures et demie ici. Je crois que vous avez six heures d'avance sur nous.
MONSIEUR LAMBERT: Oui. Il est seize heures trente ici. Je suis très occupé en ce moment. Puis-je vous rappeler dans une heure?

MONSIEUR ABEL: Oui, mais permettez moi de vous rappeler dans une heure, à dix-sept heures trente heure française.

"Telling Time"

MR. LAMBERT: What time do you have?

MR. ABEL: It is 10:30 a.m. here. I believe you are six hours ahead of us.

MR. LAMBERT: Yes. It is 4:30 p.m. here. I'm busy right now. Could I call you back in one hour?

MR. ABEL: Yes, but let me call you back in one hour, at 5:30 p.m. French time.

What time is it?	Quelle heure est-il?*
It's 10:30 a.m.	Il est dix heures trente (du matin).
What day is it?	Quel jour sommes-nous?
It's Monday.	C'est lundi.
What month is it?	En quel mois sommes-nous?
It's November.	Nous sommes en novembre.
What year is it?	En quelle année sommes-nous?
It's the year 2003.	Nous sommes en deux mille trois.
It's morning.	C'est le matin.
It's noon.	Il est midi.
It's afternoon.	C'est l'après-midi.
It's evening.	C'est le soir.
It's midnight.	Il est minuit.
Five minutes/ two hours ago.	Il y a cinq minutes/deux heures.
In twenty minutes/a half hour/an hour.	Dans vingt minutes/une demi-heure/une heure.

------

* Refer to the Telling Time section of Chapter 6 for additional ways of expressing time in French.

| What time do we begin? | A quelle heure devons-nous commencer? |
| When is the meeting over? | Quand la réunion doit-elle se terminer? |

BUSINESS LETTERS

No, the business letter is not completely a relic of the pre-Internet era. A well-written letter on your company's letterhead is still an effective means of communication, and in fact, may never go out of style.

The business letter is also effective as a follow-up thank you, which is especially important when doing business in France. People appreciate receiving even a short personalized business note. It says that you care. It tends to build relationships, which is the bedrock of success in business or in any walk of life.

There is an art to writing a business letter. The first rule is to express yourself as clearly as possible. The second rule is to write well. Use proper grammar and sentence structure, and of course, there is no excuse for misspellings with spell checking. The third and most crucial rule is to write persuasively. That's the most important type of business letter. In business, non-profit, or governmental agencies, you are often trying to win people over to do something, or to take action.

The Greeting

Dear Mr. Poitier	Cher Monsieur
Dear Mrs. Poitier	Chère Madame
Dear Ms. Poitier	Chère Madame
Dear Miss Poitier	Chère Madame
Dear Sir(s)/Madam(s)	Monsieur/Madame; Messieurs/Mesdames
Dear Doctor Poitier	Monsieur/Madame le Docteur/Cher Docteur

| Dear Professor Poitier | Monsieur/Madame le Professeur/Cher Professeur |
| Dear Director Poitier | Monsieur le Directeur/ Madame la Directrice/Cher Directeur/Chère Directrice |

Stating the Purpose

You should state the purpose of your writing right up front, but don't forget the necessary courtesy, which is expected in French business letters.

The reason for my letter is . . .	Je souhaite par la présente . . .
to accept . . .	accepter . . .
to answer . . .	répondre . . .
to apologize . . .	vous présenter mes excuses . . .
to ask . . .	(vous) demander . . .
to commend . . .	recommander . . .
to confirm . . .	confirmer . . .
to inform . . .	(vous) informer . . .
to provide . . .	(vous) fournir . . .
to recommend . . .	(vous) recommander . . .
to reject . . .	décliner . . .
to request . . .	(vous) demander . . .
to submit . . .	(vous) soumettre . . .
to thank you for . . .	vous remercier pour . . .

You may wish to start more informally.

In connection with . . .	En relation avec . . .
In regard to . . .	Concernant . . .
In response to . . .	En réponse à . . .
Instead of calling . . .	Au lieu d'un appel téléphonique . . .
On behalf of . . .	Au nom de . . .
With reference to . . .	En référence à . . .

You may wish to organize your letter with bullets; this is not the traditional form used in French business letters, but it has been becoming more common recently.

• This is the first point
• This is the second point

Or, perhaps use a long dash, which is the traditional symbol used in French letters.

—this is the first point
—this is the second point

Other Important Phrases

The purpose of this letter is . . .	Le but de cette lettre est de . . .
The mission of our business/organization is . . .	La mission de notre entreprise/organisation est . . .
Our strategic goals include . . .	Nos buts stratégiques comprennent . . .
The quality assurance team wishes to present its report on . . .	L'équipe chargée du contrôle de qualité souhaite présenter son rapport concernant . . .
It has come to our attention that . . .	Nous avons remarqué que . . .
We regret to inform you . . .	Nous regrettons de vous informer que . . .
Could you please provide me/us with . . . ?	Pourriez-vous me/nous fournir . . .?
Unfortunately, we cannot accept/agree/complete . . .	Malheureusement nous ne pouvons pas accepter/agréer (avec)/terminer . . .
In consultation with . . .	En consultation avec . . .
In reviewing your proposal . . .	En étudiant votre proposition . . .

31

In going over the contract, I/we discovered . . .	En lisant le contrat, j'ai/nous avons découvert que . . .
While reviewing the financial statements . . .	En étudiant les rapport financiers . . .
It is our pleasure to accept your proposal.	Nous sommes heureux d'accepter votre proposition.
Would you contact us at your earliest convenience?	Pourriez-vous nous contacter dès que cela vous sera possible?
Enclosed is . . .	Ci-joint (vous trouverez) . . .
Enclosed please find . . .	Veuillez trouver ci-inclus(e)(s) . . .

The Closing

Thank you for your attention to this matter.	Je vous remercie de l'attention que vous voudrez bien accorder à la/cette question.
I look forward to hearing from you.	Dans l'attente de votre réponse . . .
Please let me (us) know if I can provide further information.	N'hésitez pas à me (nous) contacter pour tous renseignements complémentaires.
Please contact me (us) at the following telephone number.	N'hésitez pas à me (nous) contacter au numéro suivant.
I look forward to . . .	Dans l'attente de . . .
your response to this letter.	votre réponse.
your/the proposal.	votre/la proposition.
the contract.	recevoir le contrat.
your evaluation.	votre évaluation.
your call.	votre appel.
your order.	votre commande.
the samples.	recevoir les échantillons.
the corrected statements.	recevoir les relevés corrigés.
additional information.	recevoir des informations complémentaires.

Salutations

Sincerely,	Veuillez agréer, Madame/ Monsieur/Mesdames/ Messieurs, l'expression de mes sentiments les meilleurs.
Signed,	Signature,
Yours truly,	Je vous prie d'agréer l'expression de mes sentiments distingués. *(fml.)*
Yours sincerely,	Avec mes meilleures salutations,
With friendly regards,	Avec mes salutations amicales,
Best wishes,	Avec tous mes voeux de/pour . . ./Avec mes meilleurs voeux de/pour . . .

Le 15 octobre 2003

Monsieur Charles Vagnières
Fa. ABC
Rue Centrale No. 112
75003 Paris 1

Cher Monsieur:

Je vous remercie pour les ajouts que vous avez faits au contrat. Nous sommes d'avis qu'ils constituent une amélioration. Nous vous ferons parvenir la version définitive du contrat dans quelques jours pour signature.

N'hésitez pas à me contacter pour toute question complémentaire.

Je vous prie d'agréer, Monsieur, mes meilleures salutations.

Jennifer Smith

October 15, 2003

Mr. Charles Vagnières
Fa. ABC
Rue Centrale No. 112
75003 Paris 1

Dear Mr. Vagnières:

Thank you for the additions to the proposed contract.
We agree that this will improve the contract. We will
be sending the final version of the contract to you for
your signature in a couple of days.

If you have any additional questions, please let me
know.

Sincerely,

Jennifer Smith

COMPUTERS, E-MAIL, AND THE INTERNET

In a few short years the e-mail and the Internet have
gone from curiosities to an essential part of our existence. Here's an important tip that you'll take if you
wish to impress others and get ahead in your organization: Use complete sentences and proper grammar. Avoid so-called cyberslang or chat room
abbreviations. Using correct language and grammar
communicates that you're a professional. And spell-
check your messages! Nothing turns off other pro-
fessionals more than careless errors.

Key Words

Browser	le navigateur
CD-ROM disk	le disque CD-ROM, le cédérom
Check e-mail (to)	ouvrir son e-mail/mèl/ courriel (Québec)
Computer	l'ordinateur (m.)
Desktop computer	le PC [peh-seh]
Download (to)	enregistrer (sur/dans)
E-mail/electronic mail	l'e-mail (m.) /le mèl/ le courrier électronique/le courriel
Laptop computer	l'ordinateur portable
Send/receive e-mail (to)	envoyer un e-mail/ recevoir un e-mail (de)
Server	le serveur

Here are some more useful computer terms in alphabetical order:

Attach a file (to)	attacher un fichier
Attachment	la pièce jointe/le document ci-joint
Cyberspace	le cyberspace
Database	la base de données
Download (to)	télécharger
File	le fichier
Folder	le dossier
Forward an e-mail (to)	faire suivre un e-mail
Help	l'aide (m.)
Home page	la page d'accueil
Hyperlink	le hyperlien
Hypertext	le hypertexte
Internet	l'internet (m.)
Link	le lien/le link
Log on/off	se connecter/se déconnecter

Mailing list	la liste d'adresses/le mailing list
Mainframe	l'ordinateur central (*m.*)
Modem	le modem
Multimedia	les multimédias (*m.pl.*)
Network	le réseau
Online service	le service en ligne
Open a file (to)	ouvrir un fichier
Portable	portable
Reboot (to)	redémarrer
Reply to an e-mail (to)	répondre à un e-mail
Save a file (to)	sauvegarder
Search engine	le moteur de recherche
Search (to)	chercher, rechercher
Send a file (to)	envoyer un fichier
Surf (to)	surfer
Technical support	le support technique
URL	le URL
Videoconference	la vidéoconférence
Virtual reality	la réalité virtuelle
Web page/site	la page web/le site web
World Wide Web	le world wide web/le web/ le réseau mondial
How do I turn the computer on?	**Comment allume-t-on l'ordinateur?**
How do I dial up/log on?	**Comment peut-on se connecter?**
Do I need a password?	**Ai-je besoin d'un mot de passe?**
What is the password?	**Quel est le mot de passe?**
Do you have an IBM compatible computer?	**Votre ordinateur est-il compatible avec un ordinateur IBM ?**
Do you have a Mac (computer)?	Avez-vous un Macintosh/un Mac?

What word processing software do you use?	**Quel logiciel de traitement de texte utilisez-vous?**
What spreadsheet software do you use?	**Quel logiciel de tabulation utilisez-vous?**
What database software do you use?	Quel logiciel de base de données utilisez-vous?
What presentation software do you use?	Quel logiciel de présentation utilisez-vous?
How can I get Word/WordPerfect on this computer?	Comment accède-t-on à Word/Word Perfect sur cet ordinateur?
How can I get Excel/Lotus 1-2-3 on this computer?	Comment accède-t-on à Excel/Lotus 1-2-3 sur cet ordinateur?
How can I get PowerPoint on this computer?	Comment accède-t-on à PowerPoint sur cet ordinateur?
How can I get Dbase on this computer?	Comment accède-t-on à Dbase sur cet ordinateur?
Do you have Internet capability?	**Avez-vous un accès à l'internet?**
Do you have e-mail capability?	**Existe-t-il la possibilité d'avoir un accès e-mail?**
How do I . . .	**Comment puis-je. . .**
log on?	me connecter?
check my e-mail?	**vérifier mon e-mail?**
access a Web site?	accéder à un site/page web?
search the Web?	faire une recherche sur le web?
bookmark a Web site?	marquer une site/page web?
print this page?	imprimer cette page?
print this document?	imprimer ce document?
send an e-mail?	envoyer un e-mail?
send this document to . . . ?	envoyer ce document à . . . ?
forward this message to . . . ?	faire suivre ce message à . . . ?

attach a file to this e-mail? attacher un fichier à cet
e-mail?

Do I leave the computer Dois-je laisser l'ordinateur
on? allumé?

How do I turn the Comment éteint-on
computer off? l'ordinateur?

2 GETTING INVOLVED

Conducting business overseas adds an unusual dimension to your work. Not only do you need to transact sales, negotiate contracts, communicate plans, and receive feedback on products and services, but now you also need to do it in a foreign place and in a foreign tongue.

As a general principle, don't assume that your own ways of doing business apply in other countries and cultures. Be cautious until you know the culture you're dealing with, and take an active role in learning about it. For example, in some cultures, it is bad form to be overly assertive, a common U.S. business trait. In the course of this chapter, and indeed, this whole book, we'll give you tips on how to proceed.

Business Companion, however, is not content to just help you with the language and culture; we also want to remind you of how to handle your business successfully. For instance, in talking about business presentations, we not only give you words like easel, slide projector, or refreshments, but we also provide you with a review of what makes a presentation successful. Thus, we mix language and culture with ideas on how to make your business dealings successful.

Here are the most common business situations you'll be confronting in your work and learning about in this chapter:

The General Business Meeting
The Presentation or Speech
The Sales Call or Meeting
The Negotiating Meeting

Now, let's get involved.

THE GENERAL BUSINESS MEETING

What's the purpose of the meeting? If you're in charge, make it clear. If you're a participant, find out ahead of time, so you can successfully contribute.

If you are leading the meeting, you need to make sure things are organized on two levels: the purpose of the presentation and the details, such as announcements, agenda, room arrangements, presentation equipment, and any refreshments.

A last-minute question to ask is: Is there anything else that needs to be on the agenda to make the meeting more successful?

Finally, during the meeting, make sure you encourage the participation of everyone. By the end of the meeting, call on those who have participated little or not at all for their comments.

So, let's go have a meeting.

―――――――――――

"Une réunion"
MONSIEUR SOREL: *Pourquoi les dates limite n'ont-elles pas été portées à l'ordre du jour?*
MADAME JEANNET: *C'est une bonne question. Introduisons cela plus tard cet après-midi, après la discussion du rapport du comité Team Force.*
MONSIEUR CORNIER: *Pourquoi ne pas reporter la discussion à demain matin, au début de la*

*journée? Nous ne terminerons peut-être le rapport
du comité que tard dans l'après-midi et ne serons
pas tous présents.*

MADAME JEANNET: *Encore mieux. Nous dis-
cuterons de la question demain en début de
journée.*

"At the Meeting"

MR. SOREL: Why were deadlines left out of the
agenda?

MS. JEANNET: That's a good point. Let's put that
in for later this afternoon, after we finish our discussion on the Team Force committee report.

MR. CORNIER: Why not discuss it first thing
tomorrow morning? We may not finish the committee report until late this afternoon and not
everyone will be here.

MS. JEANNET: That's an even better idea. We'll discuss it first thing tomorrow morning.

Key Words	
Agenda	*l'ordre du jour (m.)*
Answer	*la réponse*
Cancel a meeting (to)	*annuler une réunion*
Committee	*le comité*
Deadline	*la date limite/le délai*
Decision	*la décision*
Discussion	*la discussion*
Facilitator	*le faciliteur/le modérateur*
Feedback	*le feedback/la réaction/ l'impression*
Have a meeting (to)	*avoir une réunion*
Information	*l'information (f.)*
Lead a meeting (to)	*mener une réunion*

Materials	*la documentation*
Meeting	*la réunion*
Participant	*le participant*
Problem solving	*trouver la solution (à)*
Purpose	*le but*
Question	*la question*
Schedule	*l'horaire (m.)*
Schedule a meeting (to)	*planifier une réunion*
Set an agenda (to)	*établir un ordre du jour*
Team building	*mettre sur pied une équipe*

Hello.	Bonjour.
Good morning/afternoon/ evening.	Bonjour./Bonjour./Bonsoir.
Welcome to Oratel.	**Bienvenue chez Oratel.**
My name is Poitier.	Je m'appelle Poitier.
I am Ms. Lagier.	Je suis Mme Lagier.
I want to introduce . . .	**J'aimerais (vous) présenter . . .**
myself.	moi-même.
the participants.	**les participants.**
the secretary.	le/la secrétaire.
the administrative assistant.	l'assistant(e) d'administration.
the recorder.	le/la sténographe.
Please introduce yourself.	**Veuillez vous présenter.**
Before we begin the meeting, let's introduce ourselves.	**Avant de commencer la réunion, pourrions-nous nous présenter?**
Beginning on my left/right, please state your name, company, and position/ title.	**En commençant par les personnes assises à ma gauche/droite, veuillez annoncer votre nom, votre compagnie et votre rang/titre.**

Now, take a look at a meeting agenda.

Ordre du jour: Comité Team Force

9h	Introduction
9h 10	Résumé de la dernière réunion
9h 20	Discussion de la fusion des deux départements administratifs
	Conduite des procédures
	Diagramme de la nouvelle organisation
	Placement des cadres surnuméraires
10h 30	Pause café
10h 45	Travail en groupes—Résoudre les problèmes
11h 45	Rapport des groupes de travail
12h	Déjeuner
13h	Discussion des nouvelles procédures
16h 30	Conclusion

Agenda: Team Force Committee

9:00 a.m.	Opening
9:10 a.m.	Review of last meeting
9:20 a.m.	Discussion of merging the two administrative departments
	Handling of procedures
	New organization chart
	Outplacement
10:30 a.m.	Coffee break
10:45 a.m.	Breakout sessions—Handling problems
11:45 a.m.	Reporting on the sessions
12:00 noon	Lunch
1:00 p.m.	Discussion of new procedures
4:30 p.m.	Close

The Purpose of the Meeting

The purpose of this meeting is . . .	Le but de cette réunion est . . .
Today's meeting is concerned with . . .	La réunion d'aujourd'hui concerne . . .

I've been asked to lead this discussion about . . .	**On m'a demandé de mener cette discussion concernant . . .**
This morning/afternoon/evening we'll be discussing . . .	**Ce matin**/cet après-midi/ce soir **nous discuterons . . .**
I'm sure you all know why we are here.	Je suis sûr(e) que vous savez tous pourquoi nous sommes ici.
Let's begin by going over the agenda.	**Commençons par examiner l'ordre du jour.**
Are there any questions about the agenda?	**Y a-t-il des questions concernant l'ordre du jour?**
Yes, I have a question.	**Oui, j'ai une question.**
Yes, please, what is your question?	**Oui, quelle est votre question, je vous prie?**
Who determined/set the agenda?	**Qui a** décidé de/**établi l'ordre du jour?**
I set the agenda.	J'ai établi l'ordre du jour.
The agenda was determined by the committee.	L'ordre du jour a été établi par le comité.
The agenda was determined in our last meeting.	**L'ordre du jour a été établi lors de notre dernière réunion.**
Is the agenda complete?	Est-ce que l'ordre du jour est complet?
Does everyone have a copy of the agenda?	**Est-ce que tout le monde a une copie de l'ordre du jour?**
Does anyone need a copy of the agenda?	Est-ce que quelqu'un a besoin d'une copie de l'ordre du jour?
Is there anything that needs to be added to the agenda?	**Y a-t-il quelque chose à ajouter à l'ordre du jour?**
Has everyone received the materials?	Est-ce que tout le monde a reçu la documentation?

44

Scheduling

The French do not like to stick religiously to the schedule as the Germans or the Japanese might, for example. At the same time, meetings are usually well-prepared, and the starting times can be only slightly delayed. There is little tolerance for latecomers, even after a break or lunch. On the other hand, it is common for a meeting to run over the scheduled time. But once business is done, the French businesspeople enjoy their leisure time over a good meal and drinks.

We will have a coffee break at . . .	**Nous ferons une pause café à . . .**
10:15 a.m.	dix heures et quart.
10:30 a.m.	**dix heures et demie.**
2:30 p.m.	quatorze heures trente.
3:00 p.m.	quinze heures.
Lunch will be served at . . .	**Le déjeuner sera servi à . . .**
12:00 noon.	midi.
12:30 p.m.	**douze heures trente.**
Lunch will last . . .	**Le déjeuner durera . . .**
one hour.	une heure.
one hour and a half.	**une heure et demie.**
The meeting will continue at . . .	**La réunion reprendra à . . .**
The meeting should be over at . . .	**La réunion devrait se terminer à . . .**
4:30 p.m.	**seize heures trente.**
5:00 p.m.	dix-sept heures.
Let's begin.	**Commençons.**
Does anyone have any questions before we begin?	**Quelqu'un a-t-il des questions avant de commencer?**
Does anyone have a question on the first subject?	Quelqu'un a-t-il des questions sur le point numéro un?

45

Not everyone has spoken.	Tout le monde n'a pas encore parlé.
Mr. Rochelle, do you have something to add?	M. Rochelle, avez-vous quelque chose à ajouter?
We have not heard from everyone.	Nous n'avons pas entendu tout le monde.
Does anyone else have a comment or a question?	Quelqu'un d'autre a-t-il des commentaires ou des questions?
Can we move on to item number two?	Pouvons-nous passer au point numéro deux?
Who will take responsibility for this item?	Qui se charge de ce point?
Has everyone spoken on this point?	Est-ce que tout le monde a donné son avis sur ce point?
Do we need to vote on this item?	Devons-nous voter sur ce point?
Those in favor, raise your hand.	Ceux qui sont pour lèvent la main.
Those opposed, raise your hand.	Ceux qui sont contre lèvent la main.
The agenda passes.	L'ordre du jour est accepté.
The agenda loses.	L'ordre du jour est rejeté.
The motion passes.	La proposition est acceptée.
The motion fails.	La proposition est rejetée.
Would you like to discuss this topic at a later meeting?	Souhaitez-vous discuter ce sujet lors d'une réunion ultérieure?
Let's table discussion on this matter.	Ajournons la discussion à ce sujet.

The Closing

Do we need a follow-up meeting?	Avons-nous besoin d'une réunion ulterieure sur cette question?
Before we leave, let's set a date for the next meeting.	Avant de partir, décidons d'une date pour la prochaine réunion.

| Thank you for being here today. | Je vous remercie de votre présence/votre participation aujourd'hui. |

THE PRESENTATION OR SPEECH

How can you tell if the content of your presentation or speech is sound? Perhaps the most successful way is to answer this question: Does it tell a logical story? If it does, people will follow you step by step. If not, you will probably confuse your audience, and have questions raised that will sidetrack your main purpose.

Give your presentation or speech ahead of time to those you can count on to provide you with constructive comments. Where do they ask questions? That's where your clarity of thought may be weak. Go over each point and make sure you know the information and can articulate it.

One final thought: Assume that there will always be something wrong about the physical aspects of the presentation or speech, such as arrangements, handouts, equipment, or refreshments. Why? Because there usually is.

"Faire une présentation"
MADAME OLIVIER: *Nous avons l'honneur d'avoir Monsieur Sanders, de notre bureau central, avec nous aujourd'hui. Souhaitons-lui la bienvenue.*
MONSIEUR SANDERS: *Merci de votre invitation. Cela fait plusieurs mois que j'ai l'intention de visiter votre bureau, et l'occasion se présente finalement cette semaine. Puis-je répondre aux questions pendant ma présentation, ou souhaitez-vous que j'attende la fin?*

47

*MADAME OLIVIER: L'un ou l'autre, comme vous
préférez.*

"Giving a Presentation"

MS. OLIVIER: We are so fortunate to have Mr.
Sanders from our central office here today. Please
welcome him.

MR. SANDERS: Thank you for having me. I've
wanted to come to visit your office for several
months, and finally I was able to do so this week.
May I take questions during my talk or do you
want me to wait until the end?

MS. OLIVIER: You can do it either way, whichever
you prefer.

Key Words

Clarification question	la question de clarification
Discussion	la discussion
Discussion question	la question à discuter
Introduction	l'introduction (f.)
Mission	la mission
Point	le point
Presentation	la présentation
Q&A period	le temps réservé aux questions
Question	la question
Subject	le sujet/le thème
Talk	la conférence/la discussion
Topic	le thème/le sujet
Vision	la vision/la conception

Audiovisual Presentation Aids

Here are the common aids that you may need to use
when you give a presentation:

Audio	l'audio (*m.*)
Board	le tableau
Chalk	la craie
Chart	le tableau
Computer	l'ordinateur (*m.*)
Diagram	le schéma/le graphique
Easel	le chevalet
Extension cord	la rallonge
Folder	le dossier
Handouts	les documents (*m.*)/les feuilles (*f.pl.*)
Illustrations	les illustrations (*f.pl*)
Marker	le marqueur
Microphone	le microphone
Model	le modèle
Monitor	le moniteur
Note pad	le bloc-notes
PowerPoint presentation	la présentation PowerPoint
Screen	l'écran (*m.*)
Slide projector	le projecteur (pour diapositives)
Tape recorder	le magnétophone
Television	la télévision
Transparency	la transparence/le transparent (*overhead*)
Video	la vidéo
Video recorder	le magnétoscope

Thank you for having me.	**Merci de votre invitation.**
I want to thank Mr. Petitot for that nice introduction.	**J'aimerais remercier M. Petitot pour son aimable introduction.**
I want to thank Mr. Petitot for inviting me to tell you about . . .	J'aimerais remercier M. Petitot de m'avoir invité(e) à vous parler de . . .
I want to thank your organization for having me.	**J'aimerais remercier votre organisation de m'avoir invité(e).**

49

It's an honor to be with you today.

C'est un honneur pour moi d'être avec vous aujourd'hui.

It's my pleasure to speak to you today.

C'est un plaisir pour moi d'être invité(e) à vous parler aujourd'hui.

I'm grateful for the opportunity to speak to you.

Je vous suis reconnaissante d'avoir l'occasion de vous parler aujourd'hui.

The Subject

The purpose of this presentation/speech/talk is . . .

Le but de cette présentation/ ce discours/cette conférence est . . .

This morning/afternoon/ evening I'm going to talk about . . .

Ce matin/cet après-midi/ce soir je vais parler de . . .

The major point of my presentation/speech/talk is . . .

Le point principal de ma présentation/mon discours/ ma conférence est . . .

In this presentation/ speech/talk, I'd like to . . .

Au cours de cette présentation/ce discours/ cette conférence, j'aimerais . . .

My topic today is . . .

Le sujet que je traiterai aujourd'hui est . . .

The subject of my presentation is . . .

Le thème de ma présentation est . . .

I'd like to begin by telling you my conclusion.

J'aimerais débuter en vous présentant ma conclusion.

I'd first like to tell you about the concept behind my presentation/speech/ talk.

J'aimerais commencer par vous parler du concept derrière ma présentation/ mon discours/ma conférence.

Please feel free to interrupt me with any questions.

N'hésitez pas à m'interrompre si vous avez des questions.

The Major Points

I'd like to begin with a story.	J'aimerais commencer par une histoire.
There are three issues I would like to cover today.	**Il y a trois questions que j'aimerais couvrir aujourd'hui.**
There are three points that I would like to make/cover today.	**Il y a trois points que j'aimerais aborder**/couvrir **aujourd'hui.**
I want to make several points today.	J'aimerais aborder plusieurs points aujourd'hui.
First, I want to cover . . .	**Premièrement, j'aimerais couvrir** . . .
Second, I want to discuss . . .	**Deuxièmement, j'aimerais discuter** . . .
There is a growing need to be aware of . . .	Il y a un besoin croissant d'être conscient de . . .
My/our mission is . . .	**Ma**/Notre **mission est** . . .
My/our vision is . . .	Ma/Notre vision/conception est . . .
The following . . .	. . . suivant(s)/**suivante(s)**
data	**Les données**
financial figures	Les données financières/ chiffres
findings	Les conclusions
information	L'information
results	Les résultats
provide support for my central thesis.	**soutiennent mon hypothèse centrale.**
Now, on to the second point.	**Maintenant, abordons le second point.**
Next, I would like to discuss . . .	**J'aimerais maintenant discuter** . . .
Moving along, let's now consider . . .	**En continuant, examinons maintenant** . . .
Before I move on, are there any questions?	**Y a-t-il des questions avant que je continue?**

I hope you'll understand . . .	J'espère que vous comprendrez . . .
You should be able to see . . .	Vous devriez pouvoir voir/constater . . .
To support my point, I would like to . . .	Pour soutenir mon affirmation, j'aimerais . . .
demonstrate...	démontrer...
display...	présenter...
distribute...	distribuer...
illustrate...	illustrer...
provide...	fournir...
reveal...	révéler...
show...	montrer...

The Summary and Conclusion

I would like to review my main points/items/ideas now.	J'aimerais maintenant revoir les principaux points/ principales questions/ principales idées.
Finally, I want to say . . .	Finalement, j'aimerais dire . . .
In summary, I would like to reiterate . . .	En résumé, j'aimerais répéter . . .
In conclusion . . .	En conclusion . . .
This concludes my main points.	Voilà la conclusion de mes remarques.
This ends my remarks.	Je termine(rai) par ces remarques.
I hope this presentation has convinced you of . . .	J'espère que cette présentation vous a convaincus que/de . . .
It has been a pleasure talking to you.	Cela a été un plaisir de discuter avec vous.
It has been a pleasure being with you today.	Cela a été un plaisir d'être avec vous aujourd'hui.

I have enjoyed presenting my . . . to you.	J'ai été heureux/**heureuse de vous présenter. . .**
activities	mes activités.
experiences	mes expériences.
ideas	**mes idées.**
thesis	ma thèse.
theories	mes théories.
I hope you have . . .	**J'espère que vous avez . . .**
enjoyed . . .	apprécié . . .
found these ideas helpful.	**trouvé des idées utiles.**
gained insight from . . .	pu vous familiariser avec le sujet de...
gained knowledge from . . .	élargi votre connaissance du sujet grâce à . . .
learned something from . . .	appris quelque chose de . . .
my presentation.	ma présentation.
Thank you for your attention.	**Je vous remercie de votre attention.**

THE SALES CALL OR MEETING

The basis of successful sales is building relationships, i.e., establishing the trust that allows for the free flow of information. Selling skill also involves the ability to understand and match customer needs with the features of your product or service.

The absolute crucial element of sales, and the most difficult to learn, is the ability to close, or ink, the deal. That's where passion and motivation on your part can make a difference.

"Vendre vos produits "

MONSIEUR JASPER: *Vous désirez donc vingt-cinq ou cinquante de nos nouvelles pompes, selon votre plan d'entretien?*

MONSIEUR COURTIER: *Je n'ai pas encore dit que j'achetais vos pompes.*
MONSIEUR JASPER: *Qu'est-ce qui vous pousserait à l'achat? Le prix, les conditions de livraison, la fiabilité?*
MONSIEUR COURTIER: *Surtout le prix.*
MONSIEUR JASPER: *Je peux vous offrir une remise de quinze pourcent si vous passez une commande de cinquante maintenant.*
MONSIEUR COURTIER: *Marché conclu.*

"Selling Your Products"
MR. JASPER: So, you would like either 25 or 50 of our new pumps, depending on your maintenance schedule?
MR. COURTIER: Well, I haven't said that I would buy your pumps.
MR. JASPER: What would it take for you to purchase them? Price, delivery, reliability?
MR. COURTIER: Mainly price.
MR. JASPER: I am prepared to offer you a 15 percent discount if you buy 50 now.
MR. COURTIER: We have a deal.

Key Words	
Brochure	*la brochure*
Buy (to)	*acheter*
Close a deal (to)	*conclure un marché*
Cold call	*l'appel inattendu* (m.)
Deal	*le marché/l'affaire* (f.)/*la transaction*
Delivery	*la livraison*
Delivery date	*la date de livraison*
Discount	*la remise*
Follow-up	*le suivi*

Option	l'option (f.)
Price	le prix
Product	le produit
Quality	la qualité
Quantity	la quantité
Sell (to)	vendre
Service	le service
Shipping costs	les frais d'envoi
Specification	la spécification

My name is Berger.	Je m'appelle Berger.
I am from Transcom.	Je travaille pour Transcom.
Here is a brochure on our products/services.	**Voici une brochure sur nos produits**/services.
Here is a folder about our firm/company/ organization.	Voici un dossier sur notre firme/compagnie/ organisation.
Here is our company's brochure.	**Voici la brochure de notre compagnie.**

According to a survey made in Europe, more than 80 percent of the people surveyed believe that salespeople would have a higher quota if they didn't talk so much and instead listened more to the wishes and concerns of the customer. Another survey revealed that American culture is viewed as one of the most talkative cultures.

Questions to Ask

Is everything working okay?	Est-ce que tout fonctionne bien?
Would you like to improve your current business?	**Souhaitez-vous améliorer votre chiffre d'affaires actuel?**
Would you like to increase your productivity?	**Souhaitez-vous accroître votre productivité?**

55

| What problems are you having? | Quels problèmes se sont présentés? |
| What are your concerns? | Quelles sont vos préoccupations? |

Your Product or Service

Our product was designed by our engineers with our customers' needs in mind.	Notre produit a été conçu par nos ingénieurs en tenant compte des besoins des consommateurs.
Our services were designed by our experts.	Nos services ont été conçus par nos experts.
Our products/services have proved to be highly successful.	Nos produits/services se sont révélés très efficaces.
We are able to tailor the product/services to your needs.	Nous sommes en mesure d'adapter le produit/les services à vos besoins.
We can alter our product/services to your specifications.	Nous pouvons modifier nos produits/services d'après vos spécifications.
Here are testimonials from our customers.	Voici des témoignages de nos clients.

Handling Acceptance, Skepticism, or Indifference

Yes, I agree, we have an excellent track record.	Oui, je suis d'accord, notre société est renommée pour sa qualité/son expérience.
Yes, we are proud of our product/services.	Oui, nous sommes fiers de notre/nos produit(s)/services.
Our company is very satisfied with our product(s)/service(s).	Notre compagnie est très satisfaite de notre/nos produit(s)/service(s).
Thank you for that compliment.	Merci pour ce compliment.

Perhaps you are not aware of the problems in your operations department.

Vous n'êtes peut-être pas au courant des problèmes de votre département des opérations.

Perhaps you are not aware that our customers find our product/service very effective.

Vous n'êtes peut-être pas au courant que nos clients trouvent notre produit/service très efficace.

Our product/service has been successful in most companies/organizations.

Notre produit/service a été **couronné de succès dans la plupart des sociétés/** organisations.

Let me explain what this product/service can do for your company.

Permettez-moi de vous expliquer ce que ce produit/**service peut apporter à votre compagnie.**

Our prices are extremely competitive.

Nos prix sont très compétitifs.

Do you realize what this product/service can do for your organization?

Vous rendez-vous compte de ce que ce produit/service peut réaliser pour votre compagnie?

Do you know how much this product/service could save you each year?

Savez-vous combien ce produit/service pourrait vous faire économiser chaque année?

Are you aware of what this could do for your company?

Vous rendez-vous compte de ce que ceci pourrait représenter pour votre compagnie?

The Close

May I order you this product/service?

Puis-je commander ce produit/service **pour vous?**

How many items do you want?

Combien d'exemplaire/de modèles **désirez-vous?**

When would you like it installed?

Quand souhaitez-vous l'installer?

| When would you like it delivered? | **Quand voulez-vous recevoir la livraison?** |

THE NEGOTIATING MEETING

Reading people is key. Who's the decision maker? Is he or she a take-charge type, or is he or she looking for you to take the lead? Listening is a critical skill, whether you are leading the negotiations or are a member of a negotiating team.

While your French language skills still seem weak to you, pay attention to the body language and make sure you do not miss the heads that nod in agreement. It may just mean that there is, after all, an understanding of what you said. Another piece of advice: Try to be patient, because in some cultures, unlike ours, there is often a painstakingly slow process to reach a conclusion or an agreement.

Also, look for the bottom line. What are the key issues, on each side? Is what you are negotiating perceived as a zero-sum game? Turn it into a win-win game.

"Négocier un contrat"

MONSIEUR JONAS: *Nous souhaitons que la garantie stipule: 'Il n'y a pas de garantie implicite autre que celle spécifiée'.*

MADAME HENRI: *Nous insistons que le texte comporte: 'Il n'y a pas de garantie présumée autre que celle spécifiée'.*

MONSIEUR JONAS: *La plupart de nos contrats utilisent le mot 'implicite'.*

MADAME HENRI: *Dans notre pays on utilise le mot 'présumée'.*

MONSIEUR JONAS: *D'accord. Nous acceptons le mot 'présumée'.*

58

"Negotiating the Contract"

MR. JONAS: We would want the warranty to say, 'No warranty is implied other than what is stated.'

MS. HENRI: We must insist that it says, 'No warranty is assumed other than what is stated.'

MR. JONAS: Most of our contracts use 'implied.'

MS. HENRI: In our country the word 'assumed' is used.

MR. JONAS: Okay. We'll agree to the word 'assumed.'

Key Words

Accept (to)	accepter
Acceptable	acceptable
Agree (to)	être d'accord (de/avec/sur)
Agreement	l'accord (m.)
Conflict	le conflit
Contract	le contrat
Disagree (to)	ne pas être d'accord/être en désaccord (avec/sur)
Guarantee	la garantie
Issue	le problème/la question/le point
Item	l'article (m.)/le point
Key issue	le point-clé
Lawyer	l'avocat(e)
Negotiate (to)	négocier
Offer	l'offre (m.)
Point	le point
Proposal	la proposition
Propose (to)	proposer
Reject (to)	rejeter
Rejection	le rejet
Unacceptable	inacceptable
Warranty	la garantie

I want to introduce my partner.	J'aimerais vous présenter mon associé(e).
I want to introduce our lawyer.	J'aimerais vous présenter notre avocat(e).
Please introduce yourself.	Veuillez vous présenter.
Please introduce the other people.	Veuillez présenter les autres personnes.
Has everyone arrived?	Est-ce que tout le monde est arrivé?
Is everyone here?	Est-ce que tout le monde est ici?
Is everyone comfortable?	Est-ce que tout le monde est bien installé?
Could we begin?	Pourrions-nous commencer?
May we begin?	Pouvons-nous commencer?
Can we begin?	Pouvons-nous commencer?
Let's begin.	Commençons.
Are there any questions before we begin?	Y a-t-il des questions avant de commencer?

Stating the Issues

Let's each of us state the issues.	Demandons à chacun d'énoncer les questions à discuter.
Let's each of us present our positions.	Demandons à chacun de présenter sa position.
What are the issues we need to cover in this meeting?	Quels sont les points que nous devons aborder pendant de cette réunion?
What is the purpose of this meeting?	Quel est le but de cette réunion?
What objectives would you like to accomplish in this meeting?	Quels sont les objectifs à atteindre au cours de la réunion?
Why is this meeting necessary?	Pourquoi cette réunion est-elle nécessaire?
What are the key issues as you see them?	Quels sont les questions-clés à votre avis?

What is missing?	Que manque-t-il?
Is anyone confused about our purpose here today?	Le but de notre réunion est-il clair pour tout le monde?
What is it you need us to do?	**Que voulez-vous que nous fassions?**
Which points are not clear?	**Quels points ne sont pas clairs?**
Let's go over the details again.	**Revoyons les détails.**
Has everything been covered?	**Avons-nous abordé tous les aspects?**
We have a problem with . . .	**Nous avons un problème au sujet . . .**
credits and payments.	**des crédits et paiements.**
deadlines.	des délais/dates limite.
deliveries and terms.	des livraisons et des conditions.
guarantees.	des garanties/des assurances/des cautions.
licensing.	des autorisations/de la réglementation/des brevets.
warranties.	des garanties.

Disagreement, Ambivalence, and Reaching an Agreement

We disagree with these points.	Nous sommes en désaccord avec ces points.
We don't agree.	Nous ne sommes pas d'accord.
That's unacceptable.	C'est inacceptable.
Why do you disagree with this provision?	**Pourquoi n'êtes-vous pas d'accord avec cette disposition?**
Why do you reject this provision?	Pourquoi rejetez-vous cette disposition?
There is still too much keeping us apart.	**Il y a encore trop de points qui nous séparent.**

We must continue to negotiate.	Nous devons continuer les négociations.
We must continue our efforts.	Nous devons continuer nos efforts.
You certainly don't expect us to accept that?	Vous ne vous attendez sans doute pas à ce que nous acceptions cela?
Unfortunately you are not offering enough.	Malheureusement vous ne (nous) offrez pas assez.
We need more.	Nous avons besoin de plus.
Who will pay for delivery?	Qui paiera la livraison?
Who will pay for insurance?	Qui paiera l'assurance?
We wish to propose . . .	Nous aimerions proposer . . .
We wish to counter-propose . . .	Nous aimerions faire une contre-offre . . .
What is your counteroffer?	Quelle est votre contre-offre?
We are prepared to . . .	Nous sommes prêts à . . .
You should know the following . . .	Vous devez savoir la chose suivante . . .
Our lawyers have informed us . . .	Nos avocats nous ont informés (que/de) . . .
We expect payment in thirty/sixty/ninety days.	Nous attendons le paiement dans trente/soixante/quatre-vingt-dix jours.
Is there any discount for early payment?	Y a-t-il une remise en cas de prompt paiement?
Can you open a letter of credit for us?	Pouvez-vous ouvrir une lettre de crédit pour nous?
What is your guarantee?	Quelle est votre garantie?
We are getting close.	Nous approchons du but.
I'm beginning to see your point.	Je commence à voir ce que vous voulez dire.
Now I understand your point.	Maintenant je comprends ce que vous voulez dire.
Give us some time to think this over.	Donnez-nous du temps pour réfléchir à la question.
Let's plan another meeting.	Prévoyons une autre réunion.

We agree except for . . .	Nous sommes d'accord, sauf pour . . .
the cost.	le coût.
the delivery date.	**la date de livraison.**
the guarantee.	la caution.
the legal costs.	les frais de procédure.
the price.	le prix.
the shipping.	les conditions de transport.
We agree with some of your points.	**Nous sommes d'accord sur certains points.**
We seem to agree in general.	**Nous sommes d'accord, d'une façon générale.**
We agree with this point.	Nous sommes d'accord sur ce point.
What is left to discuss?	**Que reste-t-il à discuter?**
This is our final offer.	C'est notre dernière offre.
Is that your final offer?	**Est-ce que c'est votre dernière offre?**

To Americans, French businesspeople might seem overly straightforward in negotiations, almost to a degree of being blunt and impolite. Keep in mind that frankness ranks higher than face-saving in the European cultures. Many business people view it as part of their integrity not to hold back on their honest opinions, even when they are negative. American business negotiations are often much more careful and diplomatic, and negative opinions are generally expressed in indirect ways.

Inking the Deal

Once a deal is reached, you'd want to celebrate, of course. But note that people may celebrate and congratulate each other in different ways in different cultures: bowing, shaking hands, offering a drink or toast, and so forth. If you are not sure of the cultural norms, the rule of thumb, as usual, is to follow your hosts.

We agree.	Nous sommes d'accord.
We accept your offer.	**Nous acceptons votre offre.**
This point/offer is acceptable.	**Cette** question/**offre est acceptable.**
We have an agreement.	C'est d'accord.
We have the deal.	**Nous acceptons les termes de l'accord.**
We worked hard; let's have an agreement.	Nous avons travaillé dur; essayons de trouver un compromis satisfaisant.
We need a written document by Friday.	**Il nous faut un document écrit d'ici vendredi.**
The document must be signed by all parties.	**Le document doit être signé par toutes les parties.**
Who will draft the agreement?	**Qui va écrire/rédiger l'accord préliminaire?**
We will draft/type the document	Nous allons écrire/ dactylographier l'accord préliminaire.
We will send you a draft of the agreement.	**Nous vous enverrons une copie préliminaire de l'accord.**
We will send a draft of the agreement for your comments.	Nous vous enverrons une copie préliminaire de l'accord pour que vous fassiez vos commentaires.
Thank you for your efforts.	Je vous remercie/nous vous remercions de vos efforts.
It was very nice working with you.	**Ca a été un plaisir de travailler avec vous.**
If you have any questions, please let us know.	**N'hésitez pas à nous contacter si vous avez des questions.**
We will be in touch.	**Nous resterons en contact.**

Among French businessmen and business-women, humor is the best icebreaker as long as it is contained and does not take over the entire conversation or negotiation. Avoid humor that is targeted toward a certain person or has a political or religious connotation. Light humor will make negotiations easier, since it allows the other side to be a little less serious and relaxed as well. However, moderation is the key.

THE TRAINING SESSION

Are you conducting the session, or are you there to be trained? If you're giving the session, make sure the training is constructed from the participant's point of view. Too often training is organized more for the expert than the learner.

Then again, there may be a cultural aspect to consider when designing training programs. It's important to know how best to provide information to those in other business cultures. Advance discussions with those in the country or region eliminate most of the surprises and difficulties.

You may wish to review two of the sections in this chapter for words and phrases with which to begin and open the training session: The General Business Meeting and The Presentation or Speech.

"Séminaire"

MONSIEUR PETIT: *Nous allons maintenant parler du concept "Développer une vision commune". Si vous vous référez à la page vingt-sept de votre livre de cours, vous trouverez une liste des idées essentielles derrière ce concept. Monsieur Arnaud, pouvez-vous faire des suppositions sur le commencement de ce processus?*

MONSIEUR ARNAUD: Oui. Je pense qu'une vision commune commence par l'établissement, par la direction de l'organisation, de la définition d'un but, et d'une liste d'objectifs de gestion qui tracent la ligne de conduite de l'entreprise.
MONSIEUR PETIT: Très bien. Monsieur Arnaud, comment obtenez-vous des employés qu'ils souscrivent à ces objectif d'organisation?
MONSIEUR ARNAUD: Je pense que cela pourrait se faire grâce à un processus interactif comme, par exemple, un groupe de travail ou une série de réunions de comités où les employés pourraient participer à la mis en oeuvre de ces objectifs de façon efficace sur le plan laboral.

"Being Trained"

MR. PETIT: We are now going to talk about "Developing a Shared Vision." If you look in your workbook on page 27, you'll see a list of the principal ideas behind this concept. Mr. Arnaud, could you speculate on how this process begins?

MR. ARNAUD: Yes. I believe a shared vision starts with the management of the organization establishing a mission statement, and a list of management objectives that will drive the organization.

MR. PETIT: Very good. Mr. Arnaud, how then do you get employees to buy into these organizational objectives?

MR. ARNAUD: I would guess by having some interactive process, like a task force or a series of committee meetings where employees can participate in determining how these objectives can be implemented at the actual work level.

Key Words

Ask/have a question (to)	*poser/avoir une question*
Be confused (to)	*ne pas comprendre*
Classroom	*la salle de classe*
Course	*le cours*
Group work	*le travail de groupe*
Note pad	*le bloc-notes*
Pencil/pen	*le crayon/le stylo*
Seminar	*le séminaire*
Train (to)	*former*
Training session	*le séminaire de formation*
Understand (to)	*comprendre*
Workbook	*le livre de cours*
Workshop	*l'atelier*

Today, I'm conducting training in . . .	**Aujourd'hui, je conduis le séminaire de formation sur**
our policies.	**notre politique.**
our procedures.	**nos procédures.**
The training program today covers our new . . .	**Le programme de formation aujourd'hui couvre nos nouveaux/notre nouvelle. . .**
financial reports.	**rapports financiers.**
marketing reports.	rapports de marketing.
organization.	organisation.
sales reports.	rapports de vente.
system(s).	systèmes.
I would like to . . .	**J'aimerais . . .**
convince you . . .	vous convaincre . . .
discuss . . .	discuter . . .
encourage dialogue on . . .	**encourager le dialogue sur . . .**
give feedback regarding . . .	donner mes impressions concernant . . .
lead a discussion on . . .	mener une discussion sur . . .

participate in . . .	participer à . . .
provide information on . . .	fournir des informations sur . . .
Is there any question on the agenda?	Y a-t-il des questions à l'ordre du jour?
Does everyone have all the materials?	**Est-ce que tout le monde a les documents?**
Do you have any questions before we begin?	Avez-vous des questions avant de commencer?
Could you repeat that question?	**Pourriez-vous répéter cette question?**
Does everyone understand the question?	Est-ce que tout le monde a compris la question?
Does everyone understand the issues?	Est-ce que tout le monde comprend les problèmes?
Let's begin.	Commençons.
Can I clarify anything?	**Puis-je clarifier quelque chose?**
What do you think about this?	**Que pensez-vous de** ceci/cela?
Would anyone like to respond?	**Est-ce que quelqu'un veut répondre?**
Are there any other ideas?	Y a-t-il d'autres idées?
Let's break out into teams to solve this problem.	**Pouvous-nous former des groupes pour résoudre ce problème?**
Who will report on your solutions?	**Qui présentera un rapport sur vos solutions?**
That concludes the training on . . .	**Ceci conclut la formation sur . . .**
I'll be happy to answer any questions.	Je serai heureux/heureuse de répondre aux questions.
If you have any further questions, I'll be here for awhile.	Si vous avez encore des questions, je serai ici pendant un moment.
Please contact me if you have further questions.	N'hésitez pas à me contacter si vous avez d'autres questions.

| Thank you for your attention. | Merci de votre attention. |

Here's more vocabulary you will find useful during your training session.

Types of Room Setup or Style

Classroom	la salle de cours
Conference table	la table de conférence
Dais	l'estrade (f.)
Podium	le podium
Theater	l'amphithéâtre (m.)
U-shaped	en forme de U

Types of Charts and Graphs

Bar chart	l'histogramme (m.)
Chart (in general)	le tableau
Display	l'exposition (f.)/l'affichage (m.)/la démonstration
Dotted line	le pointillé
Exponential	exponentiel(le)
Histogram	l'histogramme (m.)
Horizontal bar chart	l'histogramme horizontal
Graph (in general)	le graphique
Line graph	le graphique linéaire
Linear	linéaire
Logarithmic scale	l'échelle logarithmique (f.)
Organization chart	l'organigramme (m.)
Pie chart	le diagramme circulaire sectorisé
Regression	la régression
Solid line	la ligne continue
Stacked	empilée
Table	la table/le tableau
3-D chart	le diagramme en trois dimensions
XY scatter	dispersion XY

Parts of Charts and Graphs

Arc	l'arc (*m.*)
Area	l'aire (*f.*)
Arrow	la flèche
Beginning	le commencement
Bell-shaped	en forme de cloche
Box	le carton/la case
Bullet	le point
Circle	le cercle
Column	la colonne
Curve	la courbe
Dash	le trait d'union
Diagram	le diagramme
Dotted line	la ligne pointillée/le pointillé
Edge	l'extrémité (*f.*)
Ellipse	l'ellipse (*f.*)
End	la fin
First	premier/première
Grid	la grille
Heading	le titre
Label	la légende
Last	dernier/dernière
Layout	la mise en page/ la présentation
Line	la ligne
Logo	le logo
Map	la carte
Maximum	le maximum
Middle	le milieu
Minimum	le minimum
Number	le chiffre
Object	l'objet (*m.*)
Origin	l'origine (*f.*)
Percentage	le pourcentage
Polygon	le polygone
Right angle	l'angle droit (*m.*)
Row	la rangée
Scale	l'échelle (*f.*)

Shadow	l'ombre (f.)
Slice	la tranche
Space	l'espace (m.)
Square	le carré; carré(e)
Rectangle	le rectangle
Table	la table/le tableau
Text	le texte
Triangle	le triangle
Title	le titre
Values	les valeurs

Positions

Bottom	le bas/en bas
Center	le centre/au centre
Horizontal	horizontal(e)
Inside	l'intérieur (m.)/à l'intérieur
Left	gauche/à gauche
Outside	en dehors/hors de
Right	droite/à droite
Side	le côté/de côté
Top	le haut/en haut
Touching	touchant/qui touche/ adjacent (à)
Vertical	vertical(e)
X-axis	l'axe X
Y-axis	l'axe Y
Z-axis	l'axe Z

Other Symbols and Formatting Designs

Asterisk	l'astérisque (m.)
Blank	blanc/blanche
Bold	en caractères gras
Crosshatched	hachuré(e) en croisillons
Dash	le trait d'union
Pound sign	le dièse
Shaded	sombre/hachuré(e)
Solid	uni(e)

| Star | l'étoile (f.) |
| Underlined | souligné(e) |

Colors

Aqua	turquoise
Black	noir(e)
Blue	bleu(e)
Brown	brun(e)
Green	vert(e)
Orange	orange
Purple	violet(te)
Red	rouge
Yellow	jaune
White	blanc/blanche

THE TRADE SHOW

The trade show is a cross between a sales call and a mass presentation. If you are part of the team presenting your company's products or services, you usually have only a brief time to talk about them. If you are just attending to learn about what companies are offering, then being organized is helpful. So many exhibits to see, so many people to meet, so many contacts to make!

You might also like to review The Sales Call or Meeting section in this chapter, and the Exchanging Business Cards section in Chapter 1.

"Donner des renseignements"
MADAME SABIN: Voulez-vous une brochure?
PARTICIPANT: Oui. Puis-je voir une démonstration de votre service?
MADAME SABIN: Vous pouvez voir le menu sur le moniteur. Nous choisirons simplement l'option numéro deux.

PARTICIPANT: *Est-ce que votre système est compatible avec Microsoft Windows?*

"Giving Information"

MS. SABIN: Would you like a brochure?
ATTENDEE: Yes. Can I see a demonstration of your service?
MS. SABIN: You can see the menu on the monitor. We'll just select option two.
ATTENDEE: Is your system compatible with Windows?

Key Words

Badge	le badge
Booth	le stand d'exposition
Brochure	la brochure
Demonstrate (to)	démontrer
Demonstration	la démonstration
Exhibit	l'exposition (f.)
Literature	la documentation/ les brochures publicitaires
Message center	le centre de messagerie
Register (to)	s'inscrire (à)
Registration	l'inscription
Trade show	le salon/l'exposition

I want to register for the trade show.	Je souhaite m'inscrire au salon.
Where do I get my badge?	Où puis-je recevoir mon badge?
Where is . . .	Où est . . .
the business center?	le centre d'affaires?
check-in?	le bureau d'enregistrement?
the information desk?	le point d'information?
the message center?	le centre de messagerie?

the shipping center?	le centre d'expédition?
the ticket sales office?	le bureau de ventes des billets?
I would like to reserve . . .	**J'aimerais réserver . . .**
a booth.	**un stand d'exposition.**
a room at the conference center.	une salle dans le centre de conférences.
I would like to rent . . .	J'aimerais louer . . .
a color monitor.	un moniteur couleurs.
a computer.	un ordinateur.
a computer cable.	un cable pour ordinateur.
a microphone.	un micro.
a slide projector.	un projecteur pour diapositives.
a sound system.	un système sonore.
a speaker.	un haut-parleur/ une enceinte.
a table.	une table.
a television.	un appareil de télévision.
There is a problem with . . .	**Il y a un problème avec . . .**
the electrical line.	le cable électrique.
my booth.	Mon stand d'exposition.
the location of my booth.	**l'emplacement de mon stand d'exposition.**
I need . . .	**J'ai besoin . . .**
chairs.	de chaises.
display tables.	de tables d'exposition.
electricity.	d'électricité.
easels.	**de chevalets.**
extension cords.	de rallonges.
My materials have not arrived.	**Mon matériel n'est pas arrivé.**
Please deliver these to booth number 124.	Veuillez livrer ceci au stand numéro cent vingt-quatre.
Hi, my name is . . .	Bonjour, je m'appelle . . .
What's yours?	Quel est votre nom?
My name is Lorenz.	Mon nom est Lorenz.

My company/organization is Telecom.	Ma compagnie/mon organisation est Telecom.
My position is Technical Advisor.	Je suis conseiller technique.
Are you familiar with our products/services?	**Connaissez-vous nos produits/**services?
What can I tell you about them?	**Que puis-je vous expliquer là-dessus?**
Can I explain anything to you?	Est-ce qu'il y a quelque chose que je puisse vous expliquer?
Please take a brochure.	**Prenez une brochure, s'il vous plaît.**
Please write your name, address, and phone number.	Ecrivez votre nom, votre adresse et votre numéro de téléphone, s'il vous plaît.
Do you have any questions?	Avez-vous des questions?
Can I help you?	Puis-je vous aider?
May I have your business card?	Puis-je avoir votre carte de visite?
What is your e-mail address?	Quelle est votre adresse e-mail?
You can visit our Web site . . .	**Vous pouvez visiter notre site web . . .**
Would you like to see . . .	**Voulez-vous voir . . .**
a brochure?	une brochure?
a demonstration?	**une démonstration?**
Do you have a brochure in . . .	**Avez-vous une brochure en . . .**
English?	**anglais?**
Chinese?	chinois?
German?	allemand?
Spanish?	espagnol?
What can I tell you about the product/services?	**Que puis-je vous expliquer à propos des** produits/services?

My company will be giving a demonstration in the conference room. **Ma compagnie fera une démonstration dans la salle de conférences.**

We will be demonstrating the product/service . . . Nous ferons une démonstration de ce produit/service . . .

later. plus tard.
tomorrow. demain.
at 10:00 a.m. à dix heures du matin.
at 2:00 p.m. à deux heures de l'après-midi/à quatorze heures.

Can you come back tomorrow at . . . Pouvez-vous revenir demain à . . .
11:00 a.m.? onze heures du matin?
3:00 p.m.? trois heures de l'après-midi?

Can I contact you to keep you informed about our products/services? **Puis-je vous contacter pour vous tenir au courant de nos produits**/services?

Can I have . . . Puis-je avoir . . .
a list of your products/services? une liste de vos produits/services?
your business card? votre carte de visite?
your catalog? votre catalogue?

Can you tell me more about . . . **Pouvez-vous m'en dire plus sur . . .**
the delivery options? les options de livraison?
next year's model? **le modèle de l'année prochaine?**

your new system? votre nouveau système?
your company's history? l'historique de votre compagnie?

your other products? vos autres produits?
your system being developed? le système que vous êtes en train de développer?

Please explain your guarantee/warranty. **Pouvez-vous m'expliquer votre** caution/**garantie.**

Please speak more slowly. Pourriez-vous parler plus lentement, s'il vous plaît?

Could you repeat that?	Pourriez-vous répéter cela?
I understand.	Je comprends.
I am not interested.	**Je ne suis pas intéressé.**
May I give you a call?	Puis-je vous appeler?
I'll give you a call.	Je vous appellerai.
Please call me.	Pourriez-vous m'appeler?
It was nice meeting you.	Je suis très heureux/heureuse d'avoir fait votre connaissance.
Perhaps I'll see you later.	Je vous verrai peut-être plus tard.
Thank you for stopping by.	Merci de votre visite.
Thank you for showing me your products.	Je vous remercie de m'avoir montré vos produits.

ATTENDING A CONFERENCE OR SEMINAR

You can accomplish several objectives by attending a conference or seminar. Obviously, you can learn new information, points of view, or better ways of doing something. You can also make important contacts within your industry or field. Also, through questions you can provide the conference or seminar with your own experiences and information or express your own or your company's opinions.

Conferences can be large auditorium affairs or small seminars. Taking good notes is key. Also, check with others on information that you weren't sure of. This can also be a way to make interesting and useful contacts.

Remember to write a note to your new contacts as soon as you can after the conference. A personal note, a phone call, or an e-mail goes a long way to continue and solidify a contact.

"Nouer des contacts"

MADAME JASPER: *Je vois que vous travaillez pour Amalgamated?*

MONSIEUR TALANT: *Oui, je participe à cette conférence avec l'espoir d'en apprendre plus sur la dynamique du marché dans ce pays. Puis-je avoir votre carte?*

MADAME JASPER: *Oui. J'aimerais la vôtre également. Que pensez-vous de la conférencière qui a parlé à midi?*

MONSIEUR TALANT: *C'était moyen. J'aurais aimé qu'elle soit plus spécifique sur la manière de résoudre les problèmes techniques.*

"Making Contacts"

MS. JASPER: I see you're with Amalgamated?

MR. TALANT: Yes, I'm attending hoping to learn more about how to market in this country. May I have your business card?

MS. JASPER: Yes. I would like one of yours as well. How did you like the speaker at lunch?

MR. TALANT: So-so. I would have liked it if she had been more specific about how she solved the technical problems.

Introductions

Please introduce yourself.	Présentez-vous, s'il vous plaît.
Before we begin the meeting, let's introduce ourselves.	Avant de commencer la réunion, pourrions-nous nous présenter.
Beginning on my left/right, please state your name, company, and position/title.	En commençant à ma gauche/droite, veuillez annoncer votre nom, compagnie et poste/rang/titre.

Key Words

Ballroom	le salon/la salle de danse
Business cards	les cartes de visite (f.pl.)
Conference room	la salle de conférence
Cocktail party	le cocktail/la réception
Introductions	les présentations (f.pl.)
Luncheon	le déjeuner
Make contacts (to)	établir des contacts
Message	le message
Presentation/Talk/ Speech	la présentation/ la conférence/le discours

My name is Wagner.	Mon nom est Wagner.
My company/organization is Teleport.	Ma compagnie/organisation est Téléport.
My position is . . .	Ma position est . . ./ Je suis . . .
I hope to get . . .	J'espère obtenir . . .
information.	des informations.
a better understanding of your services.	une meilleure compréhension de vos services.
useful data.	des informations utiles.
out of this conference/ seminar.	grâce à cette conférence/ ce séminaire.

Questions

Could you please repeat what you just said?	Pourriez-vous répéter ce que vous venez de dire, s'il vous plaît?
I didn't understand your second point.	Je n'ai pas compris votre deuxième point.
Why/How did you reach that conclusion?	Pourquoi/Comment êtes-vous arrivé à cette conclusion?

Close

Could we receive a tape of this conference/seminar?

Pourrions-nous obtenir un enregistrement de cette conférence?

Thank you for the information.

Merci de l'information.

CONDUCTING AN INTERVIEW

Are you interviewing someone for your own department? Or are you in human resources and screening people for a job position? Getting beyond the details of a résumé is the key to a successful interview.

"L'entretien"

MADAME SAUVIN: *Pourquoi voulez-vous quitter votre travail actuel?*

MONSIEUR ERNEST: *Je n'ai pas de possibilités d'avancement. Je suis limité dans mon poste. Je suis donc pas très motivé.*

MADAME SAUVIN: *Quelles sont vos motivations pour ce travail?*

MONSIEUR ERNEST: *J'aimerais être responsable d'un projet de software complet. En ce moment je ne suis que l'un des nombreux programmeurs.*

"The Interview"

MS. SAUVIN: Why do you want to leave your present job?

MR. ERNEST: There are no advancement possibilities for me. I'm stuck in my position. And there are no challenges for me.

MS. SAUVIN: What kind of challenges are you seeking?

MR. ERNEST: I would like to be in charge of an entire software project. Now I'm only one of the many programmers.

Key Words

Ad	*l'annonce* (f.)
Benefits	*les avantages sociaux* (m.pl.)
Boss	*le (la) chef*
Career	*la carrière*
Experience	*l'expérience* (f.)
Goal	*le but*
Interview	*l'entretien* (m.)
Job	*le travail*
Objective	*l'objectif* (m.)
Offer	*l'offre* (m.)
Organization	*l'organisation* (f.)
Reference	*la référence*
Résumé	*le curriculum vitae*
Salary	*le salaire*
Skills	*les aptitudes* (f.pl.)

Now take a look at a sample résumé:

Curriculum Vitae

Julie Davant
Grande Rue 123
Paris 75008
Tél. (01) 123 45 67

Date de naissance:	20.7.1961.
Lieu de naissance:	Orléans

Études:
1974–1979	École primaire, Orléans
1979–1988	Lycée Colbert, Orléans

Études
universitaires:
1988–1993	Diplôme en comptabilité et économie, Université de Paris.

Expérience
professionnelle:
1994–1996	Peugeot, Paris Analyste financière pour la comptabilité de la compagnie. Analyses de routine et spécifiques des rapports financiers envoyés par la compagnie aux action-naires.
Depuis 1996	Fédération Bancaire Française, Paris Chef analyste financière du département des finances de la compagnie. Développement et mise en oeuvre d'un programme de réduction des coûts pour l'ensemble de la com-pagnie. Économie de €20.000 à l'inventaire.

Références:
Charles Corbevin, Trésorier, Banque de France,
Tél. (01) 987 65 43

Julie Davant
Grande Rue 123
Paris 75008
Tel. (01) 123 45 67

Professional
Experience:

Fédération Bancaire Française,
Paris 1996–Present
Financial Analyst in the Corpo-
rate Accounting Department.
Handled routine and special
analysis of financial reports
issued by the company to share-
holders.
Peugeot, Paris 1994–1996
Senior Financial Analyst in the
Corporate Finance Department.
Designed and implemented a
cost-cutting program company-
wide. Saved €20.000 in inventory.

Education:
B.S. Degree in Accounting, Université de Paris.

Professional References:
Charles Corbevin, Treasurer, Banque de France,
Tel. (01) 987 65 43

In France, a résumé (*le curriculum vitae*) is
traditionally written as a narrative that tells
the main story of someone's life chronologically,
including the date of birth, parents' information,
schooling, college, work experience, and any other
important aspects of a person's life. The modern version of the résumé looks more like an American

résumé, except that it starts with a complete educational history and continues with work experience presented chronologically. Variations have become more popular recently, but they are more acceptable in fast-changing professions like advertising, technology, publishing, and other creative fields.

Do you have a résumé?	**Avez-vous un curriculum vitae?**
Could you review your work experience for me?	**Pourriez-vous me détailler votre expérience professionnelle?**
Please tell me about your education.	**Parlez-moi de vos études.**
Please tell me about your jobs.	Parlez-moi de vos différents emplois.
What do you feel were your biggest accomplishments at each of your jobs?	**Quelles ont été vos principales réussites dans chacun de vos emplois?**
What was your salary/ compensation at each of your jobs?	Quel était votre salaire/quels étaient vos bénéfices dans chacun de vos emplois?
What is your salary/ compensation now?	Quel est votre salaire/Quels sont vos bénéfices actuel(s)?
Do you receive any . . .	Est-ce que vous recevez . . .
bonus?	des primes?
deferred compensation?	des bénéfices arriérés?
Do you have a . . .	**Est-ce que vous avez . . .**
401(k)–type plan?	un deuxième pilier?
pension?	**une retraite?**

Employers contribute to a pension plan in France. There are, however, differences among companies in terms of how large their contributions are. An employee can choose to participate in the governmental savings plan, and the employee

84

and/or the government contributes or matches a certain amount.

Why did you leave Peugeot and join Banque de France?	Pourquoi avez-vous quitté Peugeot pour aller chez Banque de France?
Why do you want to leave Peugeot?	Pourquoi voulez-vous quitter Peugeot?
What position are you looking for?	**Quelle position cherchez-vous?**
What are you looking for in a position?	Que recherchez-vous dans un emploi?
What salary/compensation are you looking for?	**Quel salaire/bénéfices attendez-vous?**
What were some of the problems you experienced?	**Quels problèmes avez-vous rencontrés dans le passé?**
How did you deal with them?	Comment y avez-vous fait face?
How well did you get along with your boss(es)?	Comment vous êtes-vous entendu(e) avec votre/vos supérieur(s)?
How well did you get along with your peers?	Comment vous êtes-vous entendu(e) avec vos collègues?
Do you have any references?	**Avez-vous des références?**
Can we check with any of these references?	Pouvons-nous contacter ces personnes?
Do you have any questions for me?	Avez-vous des questions à me poser?
What questions do you have?	**Quelles questions avez-vous?**
How can we be in touch with you?	**Comment pouvons-nous vous contacter?**
Here is my card.	Voici ma carte.
If you have any questions, please call me.	Si vous avez des questions, n'hésitez pas à m'appeler.

My e-mail address is . . .	Mon adresse e-mail/ életronique est . . .
We will be in touch with you within . . .	**Nous vous contacterons . . .**
two days.	dans deux jours.
one week.	**d'ici une semaine.**
two weeks.	dans les deux prochaines semaines.
three weeks.	dans les trois semaines à venir.
one month.	dans le mois à venir.
Do you have any further questions?	Avez-vous d'autres questions?
I enjoyed talking to you.	**Ça a été un plaisir de faire votre connaissance.**
It was a pleasure talking to you.	Ce fut un plaisir de faire votre connaissance.
Thank you for seeing us.	Merci de votre visite.
Good luck to you.	Bonne chance.

Finally, here's a word about women in business in France. It is still the case that only a relatively small percentage of high-level managerial positions in France is held by women, so stereotypes are still in existence. There are a few tactics one can use to ensure that business will run smoothly regardless of gender. To establish credibility, outline the purpose of your business plans, and restate this purpose in different ways to ensure it is clearly understood that you have a definite goal. Be assertive and firm in your demands, but do not overdo it, and also, don't get emotional. Follow the general rules for doing business in France: Be punctual and relatively formal.

3 GETTING OUT

Dining out, attending a sporting event or going to a movie, or just doing some pleasant sightseeing can offer a welcome break from meetings and conferences. It's a chance to relax after an intense or just busy business day. It's also an opportunity to see and learn about the country, culture, and people.

However, when you do these activities with business associates, you have to be as attentive and businesslike as when you are in the office. After all, you are merely extending your selling or negotiating from the office to a more casual setting. Thus, you must be very conscious of crossing the boundary between business and personal. If you do cross that line, do it deliberately.

But this more casual setting can offer the chance to establish or cement relationships more easily than in the office. It offers a chance to better know your business associates or people you are doing business with. This can build trust, the bedrock of successful business relationships.

Thus, getting out can mean different things to different people. We cover a number of different situations:

> **Getting a Taxi**
> **At the Restaurant**
> **Social Conversation**
> **Sporting Events, Movies,**
>   **Theater, and Clubs**

**Visiting the Partner's or
Associate's Home
Sight-seeing
Shopping**

For most of these activities, we need a taxi. Taxi!

GETTING A TAXI

There are usually plenty of taxis in the larger French cities. Sometimes, if you are near a designated taxi stand, a taxi driver will not stop when you hail him. Taxi stands are clearly marked, and taxis are waiting there for their passengers. You can also call a radio-taxi to pick you up, but this is more expensive. Tipping is at your discretion.

"Prendre un taxi"
CHAUFFEUR: *Où allez-vous?*
MONSIEUR JONAS: *Je voudrais aller dans un bon restaurant français. Est-ce qu'il y en a un près d'ici?*
CHAUFFEUR: *Oui, il y en a plusieurs. Est-ce que vous voulez un endroit cher ou à prix modéré?*
MONSIEUR JONAS: *À prix modéré, je crois.*

"Taking a Taxi"
DRIVER: Where do you want to go?
MR. JONAS: I would like to go to a nice French restaurant. Is there one close by?
DRIVER: Yes, there are several. Do you want an expensive one, or only a moderate one?
MR. JONAS: A moderate one, I guess.

Taxi!	Taxi!
I need a taxi.	J'ai besoin d'un taxi.

Please call a taxi.	Pourriez-vous appeler un taxi, s'il vous plaît?
Take me to . . .	Conduisez-moi . . .
this address . . .	à cette adresse . . .
the restaurant called . . .	au restaurant . . .
the hotel . . .	à l'hôtel . . .
Please take me to the . . .	Pourriez-vous me conduire . . .
concert hall.	à la salle de concert.
conference center.	au centre de conférences.
dock/pier.	aux docks/à l'embarcadère.
museum.	au musée.
opera house.	à l'opéra.
Turn here.	Tournez ici.
Stop here.	Arrêtez-vous là.
Could you wait ten minutes?	Pouvez-vous attendre dix minutes?
How much do I owe?	Combien vous dois-je?
Keep the change.	Gardez la monnaie.

AT THE RESTAURANT

Here's a chance to learn about the culture you're visiting—through food. If you're adventuresome, you may try a number of dishes indigenous to the country or region. If you are timid, then stay with the foods you know, with perhaps one or two dishes that your host may recommend. But even if you don't try too many of the local dishes, you can ask about them and in doing so you will show your interest in the local culture, which will give your host/s a good impression.

"Trouver un restaurant"

MONSIEUR SOREL: *Alors, dans quel genre de restaurant voulez-vous aller ce soir?*
MONSIEUR JONAS: *Un restaurant italien ou français.*

MONSIEUR SOREL: *Il y a un excellent restaurant français sur le port.*
MONSIEUR JONAS: *Est-ce que ce n'est pas loin?*
MONSIEUR SOREL: *Oui, mais nous allons prendre un taxi.*
MONSIEUR JONAS: *Très bien. Allons-y.*

"Finding a Restaurant"
MR. SOREL: So, what kind of restaurant do you want to go to tonight?
MR. JONAS: Either an Italian or a French restaurant.
MR. SOREL: There is a great French restaurant at the wharf.
MR. JONAS: Isn't that far?
MR. SOREL: Yes, but we'll take a taxi.
MR. JONAS: Great. Let's go.

Key Words

Check/Bill (f.)	*l'addition*
Coat	*le manteau*
Drink	*le boisson/le cocktail*
Menu	*le menu*
Order (to)	*commander*
Restaurant	*le restaurant*
Restrooms	*les toilettes* (f.pl.)
Smoking/non-smoking	*fumeur/non-fumeur*
Table	*la table*
Waiter!/Waitress!	*Garçon!/Mademoiselle!*
Wine list	*la carte des vins*

Waitresses were traditionally addressed as *Mademoiselle!* (Miss), but that usage is going out of fashion. To call a waiter one used to say

Garçon!, but that is becoming uncommon as well. *Monsieur!* is sometimes heard instead. These days, the most common way to get the attention of either a waiter or a waitress is to just raise your right hand, or say *S'il vous plaît!*

Getting Settled

Good evening.	Bonsoir.
My name is Marceau. I have a reservation for two/three/four/five.	**Mon nom est Marceau. J'ai une réservation pour** deux/trois/**quatre**/cinq.
Can I/we check our coat(s)?	Est-ce que je peux/nous pouvons laisser mon/nos manteau(x) au vestiaire?
Could we have a drink at the bar first?	**Pouvons-nous prendre un verre au bar avant de manger**/dîner?
Could we be seated promptly?	**Pourrions-nous avoir une table rapidement?**
Could we have a smoking/non-smoking table?	**Pourrions-nous avoir une table** fumeurs/**non-fumeurs?**
Do you have a table . . .	Avez-vous une table . . .
at a window?	près de la fenêtre?
in a corner?	d'angle?
in a smoking/non-smoking area?	fumeurs/non-fumeurs?
in a quiet area?	dans un endroit calme?
in the other room?	dans l'autre salle?
Could we have that table there?	Pouvons-nous nous asseoir à cette table?
We don't have much time, could we order quickly?	**Nous sommes pressé(e)s, pouvons-nous commander rapidement?**
Could we have a menu?	**Pouvons-nous consulter la carte?**
Do you have a wine list?	Avez-vous une carte des vins?
Here is the menu.	Voici la carte.
Here is the wine list.	Voici la carte des vins.

Do you mind if I have a cocktail/a drink?	Est-ce que cela vous ennuie si je prends d'abord un cocktail/un verre?

Ordering Drinks

In some countries, giving a toast is expected. Thus, give some thought ahead of time about what toast you would offer. Even write it down. This will greatly impress your host(s), and go a long way toward establishing you as a world traveler.

I would like to order . . .	J'aimerais commander . . .
an aperitif.	un apéritif.
a drink.	une boisson/un verre.
a beer.	une bière.
a cocktail.	un cocktail.
a glass of wine.	un verre de vin.
a juice.	un jus de fruit.
a Coke.	un Coca.
mineral water with carbonation.	de l'eau gazeuse.
mineral water without carbonation.	de l'eau plate.
What types of wines do you have?	Quelles sortes de vins avez-vous?
Could you recommend a local wine?	Pouvez-vous me/nous conseiller un vin de la région?
Do you have Beaujolais Nouveau?	Avez-vous du Beaujolais Nouveau?
I would like a glass of white/red wine.	J'aimerais un verre de vin blanc/rouge.
I would like to make a toast.	J'aimerais porter un toast.

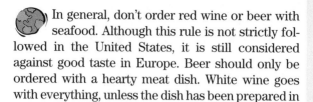 In general, don't order red wine or beer with seafood. Although this rule is not strictly followed in the United States, it is still considered against good taste in Europe. Beer should only be ordered with a hearty meat dish. White wine goes with everything, unless the dish has been prepared in a wine sauce. In this case, it is best to ask the waiter about which wine complements the food.

Ordering Dinner

"Commander à dîner"
SERVEUR: *Puis-je prendre votre commande?*
MONSIEUR RONDEL: *Avez-vous des spécialités régionales?*
SERVEUR: *Oui, nous avons de la saucisse blanche typique.*
MADAME SINGER: *Très bien. Une pour moi, s'il vous plait.*
MONSIEUR RONDEL: *Je crois que je vais prendre le steak, à point.*
SERVEUR: *Merci.*

"Ordering Dinner"
WAITER: May I take your order?
MR. RONDEL: Do you have any local specialties?
WAITER: Yes, we have the original white sausage.
MS. SINGER: That's very good. I'll have one, please.
MR. RONDEL: Actually, I think I'll have the steak, medium.
WAITER: Thank you.

Key Words

Appetizer	le hors-d'oeuvre/ l'entrée
Dessert	le dessert
Entrée	le plat principal
Fruit	le fruit/les fruits
Prix fixe	à prix fixe
Salad	la salade
Soup	la soupe
Vegetable	le légume/les légumes

Don't try to ask for ketchup in a restaurant that is not a fast-food place. You will not only insult the chef, but also the person who suggested the restaurant. Asking for pepper or salt is quite all right!

Waiter!/Waitress!	**S'il vous plaît!**; Monsieur!/Mademoiselle!
Do you have any specialties?	**Avez-vous des spécialités?**
What are your specialties of the day?	Quelles sont les plats du jour?
I am/We are ready to order.	Je suis/**Nous sommes prêt(e)s à commander.**
Would you like an appetizer?	Est-ce que vous aimeriez une entrée?
Yes, I would like an appetizer.	Oui, j'aimerais une entrée.
No, I would like just a main course.	**Non, je commencerai par le plat principal.**
I recommend . . .	Je vous recommande . . .
the chicken.	le poulet.
the fish.	le poisson.

the pork.	le porc.
the steak.	le steak.
the vegetarian platter.	l'assiette végétarienne.
I would like the prix-fixe meal.	**J'aimerais le menu à prix fixe.**
What are you going to order?	Qu'allez-vous commander?
I'm saving room for dessert.	**Je me laisse de la place pour le dessert.**
I would like my meat . . .	**J'aimerais la viande . . .**
medium.	à point.
medium rare.	entre saignante et à point.
medium well.	entre à point et bien cuite.
rare.	saignante.
well-done.	bien cuite.
I would like my potato . . .	J'aimerais les pommes de terre . . .
baked.	au four/en robe des champs.
boiled.	bouillies.
creamed.	à la crème.
as french fries.	frites.
mashed.	en purée.
pureed.	en purée.
Could we have some . . .	Pourriez-vous nous apporter . . .
butter?	du beurre?
bread?	du pain?
horseradish?	du raifort?
ketchup?	du ketchup?
lemon?	du citron?
mayonnaise?	de la mayonnaise?
mustard?	de la moutarde?
pepper?	du poivre?
salt?	du sel?
sugar?	du sucre?
water?	de l'eau?
Could we have a little more . . .?	Pourrions-nous avoir un peu plus de . . .?

Could we have a . . .	Pourriez-vous nous apporter . . .
cup?	une tasse?
glass?	un verre?
fork?	une fourchette?
knife?	un couteau?
napkin?	une serviette?
plate?	une assiette?
saucer?	une soucoupe?
spoon?	une cuillère?
teaspoon?	une cuillère à café?
toothpick?	un cure-dents?

When a French diner has finished the meal, he or she puts the fork and knife on the plate at a narrow angle, with ends pointing up toward ten o'clock. In fact, in France, a waiter may not clear your plate if you don't follow this convention. It's a nice thing to know.

Now, here's the list of things you might find on a restaurant menu:

Appetizers	Entrées
Antipasto	l'antipasto (m.)
Bisque	la bisque
Broth	le bouillon
Cold cuts	l'assiette anglaise (f.)/ l'assiette froide (f.)
Pasta	les pâtes (f.pl.)
Rice	le riz
Salad	la salade
Snails/Escargots	les escargots (m.pl.)
Soup	la soupe
Main Courses	Plats principaux
Chicken	le poulet

Clams	les palourdes (*f.pl.*)
Duck	le canard
Fillet of beef	le filet de boeuf
Goose	l'oie (*f.*)
Ham	le jambon
Lamb	l'agneau
Liver	le foie
Lobster	le homard
Pork	le porc
Oysters	les huîtres (*f.*)
Quail	la caille
Roast beef	le rosbif
Salmon	le saumon
Sausages	les saucisses (*f.pl.*)
Scallops	les coquilles Saint-Jacques
Shrimp	les crevettes (*f.pl.*)
Sole	la sole
Steak	le steak
Tuna	le thon
Turkey	la dinde
Veal	le veau
Venison	le gibier/la venaison
Vegetables	Légumes
Artichoke	l'artichaut (*m.*)
Asparagus	les asperges (*f.pl.*)
Beans	les haricots (*m.pl.*)
Beets	les betteraves (*f.pl.*)
Cabbage	le chou
Carrots	les carottes (*f.pl.*)
Cauliflower	le chou-fleur
Celery	le céleri
Corn	le maïs
Cucumber	le concombre
Eggplant	l'aubergine (*f.*)
Leek	le poireau
Lentils	les lentilles (*f.pl.*)
Lettuce	la salade

Mushrooms	les champignons (*m.pl.*)
Onions	les oignons (*m.pl.*)
Peas	les pois/les petits pois (*m.pl.*)
Potatoes	les pommes de terre (*f.pl.*)
Spinach	les épinards (*m.pl.*)
Tomato	la tomate
Turnips	les navets (*m.pl.*)
Zucchini	les courgettes (*f.pl.*)

Herbs and Spices	Herbes et épices
Anise	l'anis (*m.*)
Basil	le basilic
Bay leaf	la feuille de laurier
Capers	les câpres (*f.pl.*)
Caraway	le carvi/le cumin
Chives	la ciboulette
Cinnamon	la cannelle
Dill	l'aneth (*m.*)
Garlic	l'ail (*m.*)
Ginger	le gingembre
Marjoram	la marjolaine
Mint	la menthe
Nutmeg	la noix de muscade
Oregano	l'origan (*m.*)
Parsley	le persil
Pepper	le poivre
Pimento	le piment
Rosemary	le romarin
Saffron	le safran
Sage	la sauge
Tarragon	l'estragon (*m.*)
Thyme	le thym

Fruits	Fruits
Apple	la pomme
Apricot	l'abricot (*m.*)
Banana	la banane
Blueberries	les myrtilles (*f.pl.*)

Cherries	les cerises (*f.pl.*)
Dates	les dates (*f.pl.*)
Figs	les figues (*f.pl.*)
Grape	le raisin
Grapefruit	le pamplemousse
Kiwi	le kiwi
Mango	la mangue
Melon	le melon
Nectarine	la nectarine
Orange	l'orange (*f.*)
Peach	la pêche
Pear	la poire
Pineapple	l'ananas (*m.*)
Plum	la prune
Prune	le pruneau
Raisin	le raisin sec
Raspberries	les framboises (*f.pl.*)
Strawberries	les fraises (*f.pl.*)
Watermelon	la pastèque/le melon d'eau
Nuts	Noix
Almonds	les amandes
Cashews	les noix de cajou (*m.pl.*)
Chestnuts	les marrons (*m.pl.*)/
	les châtaignes (*f.pl.*)
Hazelnuts	les noisettes (*f.pl.*)
Peanuts	les cacahuètes (*f.pl.*)
Pistachios	les pistaches (*f.pl.*)
Ways of preparing food	Les manières de préparation
Baked	au four
Boiled	bouilli(e)
Braised	braisé(e)
Fried	frit(e)
Grilled	grillé(e)
Marinated	mariné(e)
Poached	poché(e)
Roasted	rôti(e)

Sautéed	sauté(e)
Steamed	cuit(e) à la vapeur
Stewed	en ragoût/en civet/ en compote/cuit(e) à l'étouffée

When eating in a French restaurant or a French home, you should try to use the fork and the knife at the same time throughout a meal. The fork is in the left hand and the knife stays in the right hand. If the knife isn't used for cutting, it is used to help place the food on the fork. In addition, in continental Europe, both hands (but not elbows) should be on or above the table at all times.

"Commander le dessert"

MADAME CARVEL: *Garçon, nous aimerions commander un dessert.*

MADAME JONAS: *Avez-vous des spécialités?*

SERVEUR: *Oui, nous avons un strudel aux pommes avec de la crème fouettée et une Forêt Noire.*

MADAME JONAS: *Je prends le strudel.*

MADAME CARVEL: *Cela a l'air bon. La même chose pour moi.*

"Ordering Dessert"

MS. CARVEL: Waiter, we would like to order dessert.

MS. JONAS: Do you have any specialties?

WAITER: Yes, we have hot apple strudel with whipped cream and we have Black Forest cake.

MS. JONAS: I'll have the strudel.

MS. CARVEL: Sounds good. I'll have the same.

Would you like to order dessert?	**Voulez-vous un dessert?**
No, I think I've had enough.	**Non, je crois que j'ai assez mangé.**
Yes, do you have a dessert menu?	Oui, avez-vous une carte des desserts?
Yes, I would like to order . . .	Oui, j'aimerais . . .
a piece of cake.	un morceau de gâteau.
ice cream.	une glace.
We have . . .	Nous avons . . .
chocolate ice cream.	de la glace au chocolat.
strawberry ice cream.	de la glace à la fraise.
sorbet.	du sorbet.
vanilla ice cream.	de la glace à la vanille.
Would you like to have some coffee?	**Voulez-vous un café?**
No thank you.	Non, merci.
Yes, I would like . . .	**Oui, j'aimerais . . .**
coffee.	**un café.**
espresso.	un espresso.
cappuccino.	un cappuccino.
tea.	un thé.
Would you like your coffee . . .	Voulez-vous votre café . . .
black?	noir?
with cream?	avec de la crème?
with milk?	avec du lait?
Do you have decaffeinated coffee?	**Avez-vous du décaféiné?**
What kind of tea?	Quel thé?
black	noir
Earl Grey	Earl Grey
English Breakfast	English Breakfast
green	vert
oolong	oolong
Do you have . . .	**Avez-vous . . .**
milk?	**du lait?**

| a sweetener? | un édulcorant? |
| sugar? | du sucre? |

Paying the Bill

Bill, please!	L'addition, s'il vous plaît!
Allow me to pay the bill.	Permettez-moi de régler l'addition.
Please be my guest.	Permettez-moi de vous inviter.
Is service included?	Est-ce que le service est compris?
Do you take credit cards?	Est-ce que vous acceptez les cartes de crédit?
Which credit cards do you take?	Quelles cartes de crédit acceptez-vous?
Can I pay by check/ traveler's check?	Puis-je payer par chèque/ chèque de voyage?

Most French restaurants include a 10 to 15 percent service charge on the bill. Tax, on the other hand, is part of the price. However, keep in mind that most waiters are paid little in France and depend on tips. It's not uncommon to add on a little something—ranging from two to three dollars—if the patron is satisfied with the quality of the food and the service.

If you're a woman, you may encounter some resistance when you offer to pay the bill. In order to avoid arguing, make it very clear that the expense is covered by your company or make arrangements in advance with the waiter.

Complaints

| I didn't order this. | Ce n'est pas ce que j'ai commandé. |

What is this item on the bill?	Quel est ce plat sur l'addition?
This is too cold.	**C'est froid.**
This must be a mistake.	**C'est probablement une erreur.**
May I see the headwaiter, please?	Puis-je parler au maître d'hôtel, s'il vous plaît?

The Restroom

Where is the restroom/lavatory?	**Où sont les toilettes**/les lavabos?
Where is the men's room?	Où sont les toilettes messieurs?
Where is the ladies' room?	Où sont les toilettes dames?

SOCIAL CONVERSATION

Caution here—in the French culture there is generally little business discussed during the main part of dinner, only during dessert and coffee. Also, avoid overly private questions until you get to know the person better. Good topics for conversation are arts, history, music, or sports. As always, the best thing is to follow the lead of your hosts.

"Faire la conversation"

MADAME VANNIER: *Comment s'est déroulé votre vol?*

MADAME JONAS: *Très bien.*

MADAME VANNIER: *Avez-vous pu dormir dans l'avion?*

MADAME JONAS: *Oui, il n'y a pas eu de turbulences. Vous avez un temps superbe ici!*

MADAME VANNIER: *Oui, nous aimons beaucoup cette époque de l'année.*

MADAME VANNIER: Allons manger, voulez-vous?
MADAME JONAS: Je meurs de faim.

"A Social Conversation"
MS. VANNIER: So, how was your flight?
MS. JONAS: It was just fine.
MS. VANNIER: Were you able to sleep on the plane?
MS. JONAS: Yes. It was a smooth flight. What great weather you have here!
MS. VANNIER: Yes. We enjoy this time of year.
MS. VANNIER: Let's go eat, shall we?
MS. JONAS: I'm starving.

Key Words

Children	*les enfants* (m.pl.)
Family	*la famille*
Hobby	*le hobby/le passe-temps*
Husband	*le mari*
Interests	*les intérêts* (m.pl.)/ les gouts* (m.pl.)
Sports	*le(s) sport(s)*
Weather	*le temps*
Wife	*la femme*

Please tell me about your . . .	Parlez-moi de votre . . .
I'd like to hear about your . . .	Parlez-moi de . . .
child/children.	votre enfant/vos enfants.
daughter(s).	votre fille/vos filles.
family.	votre famille.
grandparents.	vos grand-parents.
husband.	votre mari.
parents.	vos parents.
son(s).	votre fils/vos fils.
wife.	votre femme.

Please give your family my regards.	**Transmettez mes meilleurs souvenirs à votre famille.**
How do you spend your weekends?	**Comment passez-vous vos week-ends?**
Do you like to garden?	Est-ce que vous aimez jardiner?
Do you have pets?	Avez vous des animaux domestiques?
I have a . . .	J'ai . . .
cat.	un chat.
dog.	un chien.
horse.	un cheval.
Do you like sports?	**Est-ce que vous aimez le sport?**
Yes, I like . . .	**Oui, j'aime . . .**
basketball.	**le basket.**
football.	le football américain.
karate.	le karaté.
Ping-Pong.	le ping-pong.
rugby.	le rugby.
skiing.	le ski.
scuba.	la plongée (sous-marine).
soccer.	le football.
Are you interested in . . .	**Vous intéressez-vous . . .**
art?	**à l'art?**
books?	aux livres?
classical music?	**à la musique classique?**
film?	au cinéma?
history?	à l'histoire?
hobbies?	aux passe-temps?/Avez-vous des hobbies?
movies?	aux films?
museums?	aux musées?
music?	à la musique?
opera?	à l'opéra?
philosophy?	à la philosophie?
plays?	aux pièces de théâtre?

Saying Good-bye

The food was excellent.	**Le repas était excellent.**
Will it be difficult to find a taxi?	Est-ce qu'il sera difficile de trouver un taxi?
Please excuse me, but I must go.	**Je vous prie de m'excuser, mais je dois partir.**
Thank you for a wonderful evening.	**Je vous remercie pour cette merveilleuse soirée.**
I enjoyed our conversation very much.	J'ai beaucoup apprécié notre conversation.
It was nice talking to you.	**J'ai eu du plaisir à discuter avec vous.**
I look forward to seeing you . . .	**Je me réjouis de vous voir . . .**
at the office.	au bureau.
tomorrow.	demain.
tomorrow morning.	demain matin.
tomorrow night.	demain soir.
Please be my guest tomorrow night.	**J'aimerais vous inviter demain soir.**
It will be my pleasure.	**Avec plaisir.**
Good night.	Bonne soirée./Bonne nuit.

SPORTING EVENTS, MOVIES, THEATER, AND CLUBS

Do you have an evening or weekend free? Then enjoy the country you're visiting. Don't just eat at the hotel restaurant and watch television in your room. Get out.

Part of doing business in another culture is to learn and appreciate what that culture has to offer. What you learn can get you closer to your business contacts.

Finally, seeing a movie, going to the theater, or seeing a sporting event can be a welcome break from an arduous business day.

"Au théâtre"

MONSIEUR SOREL: *Cette comédie musicale va vous plaire. C'est une histoire d'amour.*

Monsieur Jonas: EST-ELLE TRÈS CONNUE?

MONSIEUR SOREL: *Non, mais la musique est très belle. Le représentations se termineront probablement le mois prochain.*

MONSIEUR JONAS: *Eh bien, allons la voir.*

"At the Theater"

MR. SOREL: You'll like this musical. It's a love story.

MR. JONAS: Is it a popular one?

MR. SOREL: No, but it has very nice music. It may close next month.

MR. JONAS: Well, then, let's go see it.

Key Words	
Program	le programme
Team	l'équipe (f.)
Ticket	le billet
What's playing?	Qu'est-ce qui se joue?/ Qu'est-ce qu'il y a à l'affiche?
Who's playing?	Qui joue?

I would like to go to a . . .	J'aimerais aller à . . .
basketball game.	un match de basket.
boxing match.	un match de boxe.
soccer match.	un match de football.
tennis match.	un match de tennis.
How much do tickets cost?	Combien coûtent les billets?

I would like one/two tickets.	J'aimerais un billet/ deux billets.
When does the match/play/ movie begin?	A quelle heure commence le match/la pièce/le film?
Who's playing?	Qui joue?
What are the teams?	Quelles sont les équipes?
May I buy a program?	Puis-je acheter un programme?
I would like to go to the . . .	J'aimerais aller . . .
ballet.	au ballet.
cinema.	au cinéma.
concert.	au concert.
museum.	au musée.
movies.	voir un film.
opera.	à l'opéra.
theater.	au théâtre.
I would like a seat in the . . .	J'aimerais une place . . .
balcony.	au deuxième balcon.
box seats.	dans une loge.
front row.	au premier rang.
gallery.	au dernier balcon.
mezzanine.	en corbeille.
orchestra.	d'orchestre/un fauteuil d'orchestre.
I would like to see a/an . . .	J'aimerais voir . . .
action movie.	un film d'action.
comedy.	une comédie.
drama.	un drame.
love story.	une histoire d'amour.
musical.	une comédie musicale.
mystery.	un policier.
romance.	une histoire romantique.
science fiction.	une histoire de science-fiction.
western.	un western.

Does the film have English subtitles?	Est-ce que ce film a des sous-titres en anglais?
May I have a program, please?	Puis-je avoir un programme, s'il vous plaît?
What's playing at the opera tonight?	Qu'est-ce qui passe à l'opéra ce soir?
Who is the conductor?	Qui est le chef d'orchestre?
I would like to go to a . . .	J'aimerais aller . . .
disco.	dans une discothèque.
jazz club.	dans un club de jazz.
jazz concert.	à un concert de jazz.
nightclub.	dans une boîte de nuit/dans un nightclub.
I'd like to go dancing.	J'aimerais aller danser.
Would you like to dance?	Voulez-vous danser?
Is there a cover charge?	Y a-t-il une taxe d'entrée/payer au couvert?
Is there a floor show?	Y a-t-il un spectacle (de cabaret)?
What time does the floor show start?	À quelle heure le spectacle commence-t-il?

Participatory Sports

Is there a gym in the hotel?	Y a-t-il un une sale de mise en forme dans l'hôtel?
Where is the closest gym?	Où se trouve le club de mise en forme le plus proche?
Is there a place to jog?	Y a-t-il un endroit où l'on puisse faire du jogging?
Where is the pool?	Où est la piscine?
Is it heated?	Est-elle chauffée?
Are there towels?	Y a-t-il des serviettes de bain?
I would like to play . . .	J'aimerais jouer . . .
golf.	au golf.
racquetball.	au squash.
tennis.	au tennis.
volleyball.	au volley.

I would like to visit a . . .	J'aimerais me rendre . . .
beach.	à la plage.
lake.	au lac.
Is swimming allowed?	Peut-on se baigner?
Are there lifeguards?	Y a-t-il des maîtres-nageurs?
Are there . . .	Y a-t-il . . .
beach chairs	des chaises-longues
rowboats	des bateaux à rames
sailboats	des voiliers
towels	des serviettes (de bain/de plage)
umbrellas	des parasols
for rent?	à louer?
Are there changing rooms?	Y a-t-il des cabines?
And don't forget to bring . . .	N'oubliez pas de prendre . . .
sunglasses.	des lunettes de soleil.
suntan lotion.	de la crème solaire.
I would like to go . . .	J'aimerais aller . . .
ice-skating.	faire du patin à glace.
skiing.	skier.
cross-country skiing.	faire du ski de fond.

Soccer (*football*) is one of the national sports in France, and many French businesspeople can and will forget business over it. If there is a major game, don't expect to be able to do any business—at least not in the evening when most games take place.

VISITING THE PARTNER'S OR ASSOCIATE'S HOME

Here's a chance to get closer to a business host or associate. Check with your contacts or the hotel concierge if flowers or gifts are appropriate. In some cultures, flowers for the wife can be misunderstood.

Usually, a gift from home is safe and most welcome. If your host has children, bringing a small present for them is the best move.

"A la maison "
MADAME ARCHAMP: *Bienvenue chez nous!*
MADAME JONAS: *Merci pour votre invitation.*
MADAME ARCHAMP: *Voici Henri, mon mari.*
MADAME JONAS: *Enchantée de faire votre connaissance.*
MADAME ARCHAMP: *Et voici nos deux enfants, Irène et Michael.*
MADAME JONAS: *Voici de petits cadeaux pour vos enfants.*
MADAME ARCHAMP: *C'est très gentil à vous. Passons au salon.*

"At the Home"
MRS. ARCHAMP: Welcome to our home.
MS. JONAS: Thank you for having me.
MRS. ARCHAMP: This is my husband, Henri.
MS. JONAS: Very nice to meet you.
MRS. ARCHAMP: And here are our two children, Irène and Michael.
MS. JONAS: Here are small gifts for your children.
MRS. ARCHAMP: That's very thoughtful of you. Let's move into the living room.

This is my wife/husband.	**Voici ma femme/**mon mari.
This is our child.	**Voici notre enfant.**
These are our children.	Voici nos enfants.
This is our pet cat/dog.	Voici notre chat/chien.
Here is a small gift (from the United States).	**Voici un petit cadeau (des États-Unis).**
Make yourself at home.	**Mettez-vous à l'aise.**
What a pretty house!	Quelle jolie maison!

What a beautiful house you have!	**Quelle belle maison vous avez!**
This is a very nice neighborhood.	C'est un quartier très agréable.
Please sit here.	**Asseyez-vous ici, je vous en prie.**
Please take a seat.	Installez-vous, s'il vous plaît.
Please come into the dining room.	Venez à la salle à manger.
Would you like a drink before dinner?	**Aimeriez-vous prendre un verre avant le dîner?**
Dinner was great.	**Le dîner était excellent.**
It was a pleasure having you in our home.	Ce fut un plaisir de vous recevoir à la maison.
Thank you for inviting me to your home.	**Je vous remercie de m'avoir invité(e) chez vous.**

Always accept an invitation to dinner at home, which is more likely to come from a partner living in the provinces than the one living in Paris. Plan to arrive within ten or fifteen minutes after the appointed time. Bringing a bottle of wine could be an awkward present in France. So leave it to the host to pick the wine that best matches the meal. Flowers are a good gift, but remember to avoid red roses, carnations and chrysanthemums as they all have special symbolic value that is not appropriate for the situation. Another solution is bringing the best, most nicely wrapped chocolates you can find, although in the age of weight watching, that gift may be becoming less popular. If there are children in the house, an original and educational toy might be appropriate. Don't bring candy for the children!

SIGHT-SEEING

"A la réception de l'hôtel"
MONSIEUR JONAS: Quels sont les endroits à voir?
RÉCEPTIONNISTE: Il y a le musée et les cata-combes.
MONSIEUR JONAS: Où sont-ils?
RÉCEPTIONNISTE: Le musée est à trois rues d'ici, mais les catacombes sont de l'autre côté de la ville. Il faut prendre un taxi pour y aller.
Monsieur Jonas: Je vais aller visiter les cata-combes. Pouvez-vous m'appeler un taxi?

"At the Hotel Reception"
MR. JONAS: What kinds of sights are worthwhile to see here?
HOTEL CLERK: There is the museum and there are the catacombs.
MR. JONAS: Where are they?
HOTEL CLERK: The museum is only three blocks from here, but the catacombs are on the other side of the city. You need a taxi to get to them.
MR. JONAS: I'll go and see the catacombs. Can you get me a taxi?

What are the main attractions?	**Quelles sont les attractions principales?**
Do you have a guidebook of the city?	**Avez-vous un guide de la ville?**
Do you have a map of the city?	Avez-vous une carte de la ville?
Is there a tour of the city?	**Y a-t-il un tour de la ville guidé?**
Where does it leave from?	**D'où part-il?**
How much is it?	**Combien coûte-t-il?**
How long is it?	Combien dure-t-il?

I would like to see . . .	J'aimerais voir . . .
an amusement park.	un parc d'attractions.
an aquarium.	un aquarium.
an art gallery.	une galerie d'art.
a botanical garden.	un jardin botanique.
a castle.	un château.
a cathedral.	une cathédrale.
a cave.	une grotte.
a church.	une église.
a flea market.	un marché aux puces.
a library.	une bibliothèque.
a museum.	un musée.
a park.	un parc.
a planetarium.	un planétarium.
a synagogue.	une synagogue.
a zoo.	un zoo.
When does the museum open?	Quand le musée ouvre-t-il?
How much is the admission?	Combien coûte l'entrée?
Do you have an English guide?	Avez-vous un guide en anglais?
Do you have an audio guide?	Avez vous un guide enregistré?
May I take photographs?	Peut-on prendre des photos?
I do not use flashbulbs.	Je n'utilise pas de flash.
I would like to visit the lake.	J'aimerais visiter le lac.
Can I take a bus there?	Puis-je prendre un bus pour y aller?
Which bus do I take?	Quel bus dois-je prendre?
How long is the ride?	Combien de temps dure le trajet?

SHOPPING

 Many French cities have so-called *zones piétonnes* (pedestrian zones) with plenty of stores of all kinds. These often include several streets. All prices displayed are actual prices. No additional charges or taxes exist on top of the price. Most stores close in the early evening and don't open at all on Sundays.

I'm looking for a . . .	Je cherche . . .
bookstore.	une librairie.
camera store.	un magasin de photographie.
clothing store.	un magasin de vêtements.
department store.	un grand magasin.
flower shop.	un fleuriste.
hardware store.	une quincaillerie.
health-food store.	un magasin d'alimentation diététique.
jewelry store.	une bijouterie.
leather-goods store.	une maroquinerie.
liquor store.	un magasin de vins et spiritueux.
newsstand.	un kiosque à journaux.
record store.	un magasin de disques.
shoe store.	un magasin de chaussures.
shopping center.	un centre commercial.
souvenir shop.	un magasin de souvenirs.
stationer.	une papeterie.
tobacco store.	un bureau de tabac.
toy store.	un magasin de jouets.
I would like to find a . . .	J'aimerais trouver un . . .
jeweler.	bijoutier/joaillier.
photographer.	photographe.
shoemaker.	cordonnier.
tailor.	tailleur.
Can you help me?	Pouvez-vous m'aider?
Can you show me . . .?	Pouvez-vous me montrer . . .?
I'm just browsing.	Je regarde seulement.
I'd like to buy . . .	J'aimerais acheter . . .
How much does it cost?	Combien est-ce que cela coûte?

How much is this in dollars?	Combien cela fait-il en dollars?
Can you write down the price?	Pouvez-vous écrire le prix?
Do you have a less/more expensive one?	En avez-vous un/(une) moins/plus cher/(chère)?
Where do I pay?	Où puis-je payer?
Can you gift wrap this?	Pouvez-vous faire un emballage-cadeau?
I'd like to return this.	Je voudrais rendre/rapporter ceci (pour remboursement).
Here is my receipt.	Voici le reçu/le ticket de caisse.

4 GETTING AROUND

From your originating flight, a stopover or two, customs at your destination, taxis and rental cars at the airport, to getting to your hotel and having to speak in a foreign tongue—this can be a trying time. Then, too, you may need to find a cash machine or a bank, and maybe a post office or a local FedEx or UPS center. We're here to help.

Don't underestimate jet lag. The seasoned traveler knows how best to handle this. But for the first-time business traveler, this can be a surprise. The excitement of new places and new contacts may temporarily mask it, but jet lag is the response of the body to a change of the daily waking-sleeping routine. It manifests itself as tiredness and sometimes disorientation. Best advice is to try to get some sleep on your flight and try not to rush into a meeting just after you land.

In this chapter, we cover:

> **Can You Help Me?**
> **Airplanes, Airports, and**
> **Customs**
> **At the Hotel**
> **Car Rentals**
> **At the Train Station**
> **The Barber Shop and the**
> **Beauty Parlor**
> **Cash Machines and Banking**
> **The Post Office**
> **In an Emergency**

We hope you'll not need them, but just in case, we list the words you may need in an emergency.

CAN YOU HELP ME?

Excuse me.	**Excusez-moi.**
Could you help me?	**Pourriez-vous m'aider?**
Yes./No.	Oui./Non.
I'm sorry.	**Je suis désolé(e).**
Thank you very much.	**Merci beaucoup.**
Do you speak English?	**Parlez-vous anglais?**
Do you understand English?	Comprenez-vous l'anglais?
Do you know where the American Embassy is?	**Savez-vous où est l'Ambassade américaine?**
I don't speak much French.	Je ne parle pas beaucoup de français.
I don't understand.	**Je ne comprends pas.**
Repeat, please.	**Pouvez-vous répéter?**
Please speak more slowly.	**Parlez plus lentement, s'il vous plaît.**
Could you write that down, please?	**Pourriez-vous écrire ceci?**
Spell it, please.	Pourriez-vous l'épeler?
Where is the business center?	Où est le centre d'affaires?
Where are the telephones?	**Où sont les téléphones?**
Where are the rest rooms?	Où sont les toilettes?
Where is the men's bathroom/lavatory?	Où sont les toilettes des hommes/les lavabos?
Where is the women's bathroom/lavatory?	Où sont les toilettes des dames/les lavabos?

AIRPLANES, AIRPORTS, AND CUSTOMS

"A la douane"

DOUANIER: *Est-ce que ce sont vos bagages?*
MONSIEUR JONAS: *Oui, ces deux-là. Y a-t-il un problème?*
DOUANIER: *Ouvrez-les.*
MONSIEUR JONAS: *Il n'y a que des costumes et des*

sous-vêtements. Et mon harmonica. J'aime jouer
dans la chambre d'hôtel lorsque je suis en voyage.
DOUANIER: *Vous pouvez passer.*

_ _ _ _ _ _ _ _ _ _ _

"Getting Through Customs"

CUSTOMS OFFICIAL: Are these your bags?
MR. JONES: Yes, these two. Is there a problem?
CUSTOMS OFFICIAL: Open them.
MR. JONES: Just suits and underwear. Plus my har-
monica. I like to play it in the hotel room when I
travel.
CUSTOMS OFFICIAL: You may go.

_ _ _ _ _ _ _ _ _ _ _

Key Words	
Arrival(s)	*l'arrivé* (m.)/ *les arrivées*
Baggage pick-up area	*l'aire de retrait des bagages* (f.)/*le retrait des bagages*
Customs	*la douane*
Departure(s)	*le(s) départ(s)*
Domestic flight	*le vol interne*
Gate	*la porte d'embarquement*
International flight	*le vol international*
Make a reservation (to)	*faire une réservation*
Passport	*le passeport*
Take a taxi (to)	*prendre un taxi*
Ticket	*le billet*

Here is/are my . . .   **Voici . . .**
  documents.   mes documents.
  identification card.   **ma carte d'identité.**
  passport.   mon passeport.
  ticket.   mon billet.
I need to buy . . .   **Il me faut . . .**
  a business-class ticket. **un billet en classe**
                                   affaires/business.

an economy ticket.	un billet en classe économique.
a first-class ticket.	un billet en première classe.
a round-trip ticket.	un billet aller-retour.
a single/one-way ticket.	un (billet) aller simple.
I'd like to . . . my reservation.	**J'aimerais . . . ma réservation.**
cancel	**annuler**
change	changer
confirm	confirmer
I need to change my reservation.	**J'ai besoin de changer ma réservation.**
I need to change my seat.	J'ai besoin de changer de siège.
May I have a smoking/ non-smoking seat?	Puis-je avoir une place fumeur/non-fumeur?
May I have an aisle/ window seat?	**Puis-je avoir une place** côté couloir/**côté fenêtre?**
Is there a direct flight to Paris?	Y a-t-il un vol direct pour Paris?
Is there an earlier/later flight?	Y a-t-il un vol plus tôt/plus tard?

Although many more people smoke in France than in the United States, smoking is mostly banned in public transportation. When in company, do not expect others to ask you for permission to smoke. Because smoking is much more common, failing to do so is not considered to be rude in Europe. Most restaurants, however, will give you an option to sit in a non-smoking section if you so desire.

AT THE HOTEL

"La bonne chambre"

MADAME JASMIN: *La clé de ma chambre ne marche pas.*

EMPLOYÉ: *Je suis désolé, Madame, je vous ai donné la mauvaise clé. En fait je dois vous donner une autre chambre. Cette chambre est déjà occupée.*

MADAME JASMIN: *Dans ce cas, pourriez-vous me donner une chambre avec vue?*

EMPLOYÉ: *Oui, je pense que cette chambre vous plaira. Je vous prie de m'excuser pour ce désagrément.*

"Getting the Right Room"

MS. JASMIN: This key to my room won't work.

CLERK: I'm sorry, madam, I gave you the wrong key. In fact, I have to give you a different room. That one is actually taken.

MS. JASMIN: Could you give me a room with a view then?

CLERK: Yes, I think you will like this room. Sorry for the unpleasantness.

Key Words	
Bags/Luggage	*les sacs* (m.pl.)/ *les bagages* (m.pl.)
Bath	*la salle de bains*
Confirmation	*la confirmation*
Credit card	*la carte de crédit*
Hotel	*l'hôtel* (m.)
Reservation	*la réservation*
Room	*la chambre*

I have a reservation in the name of Samuel.	J'ai une réservation au nom de Samuel.
Here is my confirmation.	Voici ma confirmation.
How much are your rooms?	Combien coûtent vos chambres?
What is the price for a double room?	Quel est le prix d'une chambre double?
Do you take credit cards?	Est-ce que vous acceptez les cartes de crédit?
Which credit cards do you take?	Quelles cartes de crédit acceptez-vous?
Do you have any rooms available?	Avez-vous des chambres disponibles/à louer?
Could you recommend any other hotels?	Pouvez-vous me recommander d'autres hôtels?
I'd like . . .	J'aimerais . . .
a room for one/two night(s).	une chambre pour une/deux nuit(s).
a single/double room.	une chambre pour une personne/une chambre double.
a room with a private bath.	une chambre avec salle de bains.
a room with a queen-/king-size bed.	une chambre avec un grand lit/un très grand lit.
a suite.	une suite.
I need . . .	J'ai besoin . . .
a wake-up call.	d'être réveillé(e) par téléphone.
a late check-out.	d'effectuer les formalités de départ tard dans la journée.
a fax machine.	d'un appareil fax.
a telephone.	d'un téléphone.
an Internet connection.	d'une connection internet.
Is there . . .	Y a-t-il . . .
a business center?	un centre d'affaires?
an Internet connection in my room?	une connection internet dans ma chambre?

an exercise room?	une salle de gymnastique?
a gym?	un centre de fitness?
a Jacuzzi?	un jacuzzi?
a photocopier?	une photocopieuse?
a printer?	une imprimante?
a restaurant in the hotel?	un restaurant dans l'hôtel?
a swimming pool?	une piscine?
Can a porter take my bags up to the room?	**Est-ce qu'un porteur peut monter mes bagages dans ma chambre?**
May I leave my bags?	**Puis-je laisser mes bagages?**
Are there any messages for me?	**Y a-t-il des messages pour moi?**
May I see the room?	Puis-je voir la chambre?
We want adjacent rooms.	Nous aimerions des chambres adjacentes.

You might have the following problems or needs. . .

The room/bathroom needs cleaning.	La chambre/salle de bains a besoin d'être nettoyée.
I need more towels/blankets.	Il me faut plus de linges/couvertures.
The room is too small.	La chambre est trop petite.
I did not receive my newspaper.	Je n'ai pas reçu mon journal.
The room is too noisy.	La chambre est trop bruyante.
The door will not open.	La porte ne s'ouvre pas.
The door will not lock.	La porte ne ferme pas à clé.
The telephone does not work.	Le téléphone ne fonctionne pas.
The heating/air-conditioning is not working.	Le chauffage/climatisation ne fonctionne pas.
Can you turn the heat up?	Pouvez-vous augmenter la température?
How do I make a telephone call?	Comment puis-je passer un appel téléphonique?

How do I make a local/international telephone call?	Comment puis-je passer un appel téléphonique local/international?
I need room service.	**J'ai besoin du service de chambre.**
I'd like to order dinner to my room.	J'aimerais commander à dîner dans ma chambre.
I need laundry service.	J'ai besoin du service de blanchissage.
I need these shirts/suits cleaned overnight.	J'ai besoin de faire nettoyer ces chemises/costumes pour demain matin.
Can I have these clothes cleaned/laundered today?	**Puis-je faire nettoyer/laver ces vêtements aujourd'hui?**
Can you have this stain	Pouvez-vous faire détacher ce vêtement?
How much does it cost to have this cleaned/laundered?	Combien cela coûte-t-il de faire nettoyer/laver cet habit?
Can I extend my stay one/two day(s)?	Puis-je prolonger mon séjour d'un/de deux jours?
Can I have a late check-out?	Puis-je effectuer les formalités de départ tard dans la journée?
Can I leave my bags at the reception desk after check-out?	Puis-je laisser mes bagages à la réception après les formalités de départ?
I want to check out.	Je souhaite quitter l'hôtel.
May I have my bill?	Puis-je avoir la note?
There is a problem with my bill.	Il y a un problème avec ma facture.
What is this charge for?	A quoi correspond cette note de frais?
Is there an airport shuttle?	Y a-t-il une navette pour l'aéroport?
What time does it leave?	A quelle heure part-elle?
What time is the next one?	A quelle heure est la prochaine navette?
I would like a taxi.	J'aimerais un taxi.

CAR RENTALS

Cars with an automatic transmission are becoming more popular in Europe, but the traditional stick shift is still the rule. Make sure that you indicate what type of transmission you want when reserving a car, otherwise you will get a stick shift.

"Louer une voiture automatique"

MONSIEUR PETIT: *Est-ce que cette voiture a une boîte à vitesses automatique?*

EMPLOYÉ: *Non. Avez-vous besoin d'une automatique?*

MONSIEUR PETIT: *Oui. Vous pouvez voir sur ma confirmation que j'en ai spécifiquement fait la requête.*

EMPLOYÉ: *Oui, en effet. Mais il y a un léger problème. Cela prendra environ une heure avant que nous ayons une voiture automatique à disposition.*

MONSIEUR PETIT: *Je vais attendre. Je ne sais pas conduire les voitures à transmission de vitesses manuelle.*

"Getting an Automatic Shift"

MR. PETIT: Does this car have an automatic shift?

CLERK: No. Did you need that?

MR. PETIT: Yes. You can see from my confirmation that I specifically requested it.

CLERK: Yes, I see that. However, there is a slight problem. We won't have one available for about an hour.

MR. PETIT: I'll wait. I don't know how to drive a stick shift.

Automatic shift	*la boîte à vitesses automatique*
Car	*la voiture*
Directions	*les indications* (f.pl.)
Driver's license	*le permis de conduire*
Gas	*l'essence* (f.)
Gas station	*la station d'essence*
Insurance	*l'assurance* (f.)
Map	*la carte/le plan*
Next to	*près de*
Opposite	*en face (de)/de l'autre côté (de)*
Stick shift	*la transmission de vitesses manuelle*
U-turn	*le demi-tour*

I need to rent a car.	**J'ai besoin de louer une voiture.**
Here is my reservation	**Voici mon numéro de réservation.**
Here is my driver's license.	**Voici mon permis de conduire.**
I need . . .	**Il me faut . . .**
air-conditioning.	la climatisation.
an automatic shift.	**une boîte à vitesses automatique.**
a compact.	une voiture compacte.
a convertible.	une voiture décapotable.
an intermediate.	**une voiture de taille moyenne.**
a luxury car.	une voiture de luxe.
a mid-sized car.	une voiture de taille moyenne.
a stick shift.	une voiture à transmission de vitesses manuelle.
Is insurance included?	**Est-ce que l'assurance est comprise?**

How much is the insurance?	Combien coûte l'assurance?
I want full insurance.	**J'aimerais être totalement assuré(e).**
How is the mileage?	Comment facturez-vous le kilométrage?
Is there unlimited mileage?	**Est-ce que le kilométrage est illimité?**
Is gas included?	Est-ce que l'essence est comprise?
Do I need to fill the tank when I return?	**Dois-je remplir le réservoir avant de rendre la voiture?**
Is there a drop-off charge?	**Y a-t-il un supplément pour déposer la voiture?**
Which credit cards do you take?	Quelles cartes de crédit acceptez-vous?
May I pay by check?	Puis-je payer par chèque?
I need a map.	**J'ai besoin d'une carte.**
I need directions.	**J'ai besoin d'indications.**
Can you help me find . . .	Pouvez-vous m'aider à trouver . . .
How do I get to . . .	Comment puis-je aller à. . .
the airport?	l'aéroport?
a bank?	la banque?
a gas station?	une station d'essence?
the hotel?	l'hôtel?
a good restaurant?	un bon restaurant?
Is this the road to . . . ?	**Est-ce la route qui mène à . . .?**
Turn right/left.	**Tournez à droite/gauche.**
Go straight ahead.	**Allez tout droit.**
Turn around.	**Faites demi-tour.**
Go two traffic lights and turn right/left.	Passez deux feux de signalisation et tournez à droite/gauche.
Fill it up, please.	**Faites le plein, s'il vous plaît.**
I need . . .	J'ai besoin . . .
diesel.	d'essence diesel

regular.	d'essence normale.
supreme.	de super.
unleaded.	d'essence sans plomb.

The types of gasoline available in Europe are diesel, normal, super, and unleaded. If you are not sure which one is the right gasoline for your car, get super. Keep in mind that all cars bought in Switzerland after 1987 are equipped for unleaded gasoline, though, and that most recent cars in Europe are equipped with a catalytic converter which will be destroyed by the use of leaded gasoline.

Could you check the tire pressure?	Pouvez-vous vérifier la pression des pneus?
Could you check the water?	Pouvez-vous vérifier le niveau d'eau?
How much do I owe you?	Combien vous dois-je?
Where do I park?	Où puis-je parquer?
Is there parking nearby?	Peut-on se parquer à proximité?
I am having a problem with my car.	J'ai un problème avec ma voiture.
It won't start.	Elle ne démarre pas.
The battery is dead.	La batterie est à plat.
I'm out of gas.	Je n'ai plus d'essence/Je suis en panne d'essence.
I have a flat tire.	J'ai un pneu crevé.
The brakes don't work.	Les freins ne fonctionnent pas.
The headlights don't work.	Les phares ne fonctionnent pas.
May I use the phone?	Puis-je me servir du téléphone?
Could you help me?	Pourriez-vous m'aider?
My car has broken down.	Ma voiture est en panne.
Can you tow it?	Pouvez-vous la remorquer?

Can you repair it?	Pouvez-vous la réparer?
Do you have . . .	Avez-vous . . .
a flashlight?	une lampe de poche?
a jack?	un cric?
a screwdriver?	un tournevis?
tools?	des outils?
a wrench?	une clé anglaise?
There's been an accident.	Il y a eu un accident.
I have had an accident.	J'ai eu un accident.
People are hurt.	Il y a des blessés.
It is serious.	C'est grave.
It is not serious.	Ce n'est pas grave.
Can we exchange driver's license numbers?	Pouvons-nous échanger nos numéros de permis de conduire?
Can we exchange insurance information?	Pouvons-nous échanger nos numéros d'assurance?

AT THE TRAIN STATION

In many countries, getting around involves trains. This comes as a surprise to the first-time U.S. business traveler who is not accustomed to using trains in the United States. Often a quick trip to another city involves hopping on a train, which is usually quite punctual and pleasant.

Although you can buy tickets at a ticket counter as well as on the train for most long-distance trains, you have to buy your ticket for a short-distance train, the subway, or a bus at the station. Remember to carry some change with you, since many stations have only ticket machines. The penalty for getting caught in a random ticket check without a ticket is quite high. People who get caught several times might even get a criminal record. You are usually better off buying multiple tickets, or tickets that are valid for a certain period of time, rather than getting a single ticket.

Key Words

Arrival time	l'heure d'arrivée (f.)
Departure time	l'heure de depart (f.)
Platform	le quai
Reservation	la réservation
Sleeping car	le wagon-lit
Ticket office	le guichet
Time	l'heure (f.)
Timetable	l'horaire (m.)

Where is the ticket office?	Où est le bureau de vente des billets/ le guichet?
I want to go to . . .	J'aimerais aller (à) . . .
How much does a ticket cost to . . . ?	Combien coûte un billet pour . . .?
What gate does the train for . . . leave on?	De quel quai part le train pour . . .?
Do I need to change trains?	Dois-je changer de train?
Is there a dining/ buffet car?	Y a-t-il un wagon-restaurant?
Am I on the right train?	Suis-je dans le bon train?
Is this an seat reserved?	Cette place est-elle réservée?
What stop is this?	Quel est cet arrêt?

THE BARBERSHOP AND THE BEAUTY PARLOR

"Chez le barbier/Au salon de beauté"
MADAME JACOB: *Pourriez-vous me couper les cheveux d'environ cette longueur?*

COIFFEUR: *Je pense que c'est peut-être un peu trop.*

MADAME JACOB: *Que pensez-vous alors de cette longueur?*

COIFFEUR: *Oui. Je pense que ce sera plus joli.*

"At the Barbershop/Beauty Parlor"

MS. JACOB: Could you cut my hair about this much?

HAIRDRESSER: I think that that might be too much.

MS. JACOB: How about this much?

HAIRDRESSER: Yes. I think that will look better.

Key Words	
Blow-dry	le brushing
Haircut	la coupe
Manicure	la manucure
Nails	les ongles (m.pl.)
Shampoo	le shampooing
Shave	le rasage

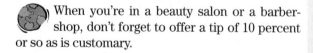 When you're in a beauty salon or a barbershop, don't forget to offer a tip of 10 percent or so as is customary.

Is there a barbershop/ beauty parlor nearby? — Y a-t-il un coiffeur/salon de beauté à proximité?

Do I need an appointment? — Dois-je prendre rendez-vous?

I need a haircut. — J'ai besoin d'une coupe de cheveux.

I'd like to have a . . . — J'aimerais . . .
  blow-dry. — un brushing.
  cut. — une coupe.
  facial. — un soin du visage.
  manicure. — une manucure.
  shampoo. — un shampooing.

| I'd like a shave. | J'aimerais me faire raser. |
| Could you trim my mustache/beard? | Pouvez-vous me tailler la moustache/la barbe? |

CASH MACHINES AND BANKING

Where is the nearest cash machine?	Où est distributeur (de billets)/le bancomat **le plus proche?**
Where is the nearest bank?	Où est la banque la plus proche?
Is there a money exchange office near here?	Y a-t-il un bureau de change près d'ici?
Do you change money?	Changez-vous l'argent?
What is the exchange rate?	Quel est le taux de change?
I'd like to change a hundred dollars.	J'aimerais changer cent dollars.
I need your passport.	J'ai besoin de votre passeport.

THE POST OFFICE

 Many privately operated postal services have emerged in recent years throughout Europe. The largest international postal service today is FedEx. The business is highly competitive in Europe as it declined somewhat with e-mail and other electronic transfer possibilities. The French postal service operates the EMS service, which is extremely reliable as well, throughout Europe.

Where is the post office/ FedEx office?	Où est le bureau de poste/ bureau FedEx?
Do you have overnight service?	Est-ce que vous livrez du jour au lendemain?
I would like postage for this . . .	J'aimerais des timbres pour . . .
letter.	cette lettre.
package.	ce paquet.
postcard.	cette carte postale.

When will the letter/ package arrive?	Quand cette lettre arrivera-t-elle/ce paquet arrivera-t-il?
I'd like to send it . . .	J'aimerais l'envoyer . . .
insured.	assuré.
overnight.	par exprès.
registered.	recommandé.

IN AN EMERGENCY

"A la pharmacie"
MONSIEUR JEANNET: *J'ai une vilaine toux. Pouvez-vous me conseiller quelque chose?*
PHARMACIEN: *Voulez-vous un sirop ou des pastilles à sucer?*
MONSIEUR JEANNET: *Avez-vous des pastilles à la cerise?*
PHARMACIEN: *Non, mais nous avons celles-ci, au miel.*

"At the Pharmacy"
MR. JEANNET: I have a bad cough. Could you recommend something for it?
PHARMACIST: Do you want a syrup or lozenge?
MR. JEANNET: Do you have cherry-flavored lozenges?
PHARMACIST: No, but we have these honey-flavored ones.

Key Words

Cold	le rhume
Doctor	le médecin
Emergency	l'urgence (f.)/le département des urgences
Eye doctor	l'ophtalmologue
Eyeglasses	les lunettes de vue
Flu	la grippe
Headache	le mal de tête
I don't feel well.	Je ne me sens pas bien.
I got hurt.	Je me suis fait mal.
Nurse	l'infermier/l'infirmière
Optician	l'opticien/l'opticienne
Pharmacist	le pharmacien/ la pharmacienne
Toothache	le mal de dents

I want/need to go to . . .	Je veux aller/ j'ai besoin d'aller . . .
a dentist.	chez un dentiste.
a doctor.	chez un médecin.
an eye doctor.	chez un ophtalmologue.
a hospital.	à l'hôpital.
an optician.	chez un opticien.
a pharmacy.	dans une pharmacie.
I need to see a/an . . .	J'ai besoin de voir . . .
allergist.	un allergologue.
general practitioner.	un médecin généraliste.
gynecologist.	un gynécologue.
internist.	un interniste.
Please call an ambulance.	Appelez une ambulance, s'il vous plaît.
Please call a doctor.	Appelez un médecin, s'il vous plaît.
Please call the police.	Appelez la police, s'il vous plaît.
There has been an accident.	Il est arrivé un accident.

Someone is hurt.	Quelqu'un est blessé.
Is there anyone here who speaks English?	Y a-t-il quelqu'un qui parle anglais?
Can I have an appointment?	Puis-je prendre un rendez-vous?
I'm not allergic to penicillin.	Je ne suis pas allergique à la pénicilline.
I'm allergic to penicillin.	Je suis allergique à la pénicilline.
I don't feel well.	Je ne me sens pas bien.
I don't know what I have.	Je ne sais pas ce que j'ai.
I think I have a fever.	Je crois que j'ai de la fièvre.
I have asthma.	Je suis asthmatique.
I have (a) . . .	J'ai . . .
backache.	mal au dos.
cold.	un rhume.
constipation.	de la constipation/Je suis constipé.
cough.	de la toux.
cut.	une blessure.
diarrhea.	la diarrhée.
earache.	mal aux oreilles.
hay fever.	le rhume des foins.
headache.	mal à la tête.
heart trouble.	des problèmes cardiaques.
stomachache.	mal à l'estomac.
pain.	mal.
I feel dizzy/sick.	J'ai le vertige/la nausée.
I can't sleep.	Je ne peux pas dormir.
Can you fill this prescription for me?	Pouvez-vous me vendre le médicament indiqué sur cette ordonnance?
Do you have . . .	Avez-vous . . .
an antacid?	un antacide?
an antiseptic?	un antiseptique?
aspirin?	de l'aspirine?
Band-Aids®?	des pansements?
contact-lens solution?	une solution pour lentilles de contact/verres de contact?

a disinfectant?	un désinfectant?
eyedrops?	des gouttes pour les yeux?
sanitary napkins?	des serviettes hygiéniques?
sleeping pills?	des somnifères?
tampons?	des tampons (hygiéniques)?
a thermometer?	un thermomètre?
throat lozenges?	des pastilles pour la gorge?
vitamins?	des vitamines?
I'll wait for it.	Je vais attendre.

A prescription is almost never filled in French pharmacies. The patient is given the original sealed packages of medicine, pre-packed by the pharmaceutical companies. Generic brands are very infrequent.

5 GETTING BUSINESSIZED

In this chapter, we cover important business vocabulary that has not yet found a place in previous chapters, such as names for office objects, job titles, and terminology used in different departments of a company. (An extended glossary of industry-specific terms is provided in the back of the book.)

The chapter is organized as follows:

> **Finding Your Way Around the Office**
> **Office Objects**
> **Titles by Level and Organization Chart**
> **Functional Areas of a Company**

Getting acclimated to the overseas office means getting comfortable so you can concentrate on being effective in your job.

So, let's start at the office as you're just settling in. . . .

FINDING YOUR WAY AROUND THE OFFICE

"S'acclimater au bureau"

MONSIEUR HUBERT: *Vous pouvez utiliser ce bureau pendant que vous êtes ici.*

MADAME VERNON: *Comment puis-je téléphoner à l'extérieur?*

MONSIEUR HUBERT: *Appuyez sur l'une de ces touches pour obtenir une ligne extérieure.*

MADAME VERNON: *Je dois également envoyer un fax.*
MONSIEUR HUBERT: *Au bout du corridor après la photocopieuse.*

"Getting Acclimated to the Office"

MR. HUBERT: You can use this desk while you're here.

MS. VERNON: How do I dial out?

MR. HUBERT: Press any one of these buttons to get an outside line.

MS. VERNON: I also need to send a fax.

MR. HUBERT: Just down the hall past the copier.

Key Words

Coffee	le café
Coffee machine	la machine à café
Chair	la chaise
Coat	le manteau
Computer	l'ordinateur (m.)
Copier	la photocopieuse
Cubicle	le box
Desk	la table/le bureau
Fax	le fax
File	le dossier
Ladies' room	les toilettes pour dames (f.pl.)
Letter	la lettre
Mail	le courrier
Manual	le manuel
Men's room	les toilettes pour hommes (f.pl.)
Office	le bureau
Pen	le stylo
Pencil	le crayon
Phone	le téléphone
Printer	l'imprimante (f.)
Restroom	les toilettes (f.pl.)
Tea	le thé

I'm here to see Mr. Ducrot.	Je suis ici pour voir M. Ducrot.
Is this the office of Ms. Chabrol?	Est-ce que c'est le bureau de Mme Chabrol?
Can you tell me how to get there?	Pouvez-vous me dire comment y aller?
Yes, I can wait.	Oui, je peux attendre.
Where can I hang my coat?	Où puis-je accrocher mon manteau?
Where are the restrooms?	Où sont les toilettes?
Where is the copier?	Où est la photocopieuse?
Where can I get some . . .	Où puis-je trouver . . .
coffee?	du café?
tea?	du thé?
water?	de l'eau?
Where is the . . .	Où . . .
cafeteria?	est la cafeteria?
lunch room?	est la salle à manger?
ladies' room?	sont les toilettes pour dames?
men's room?	sont les toilettes pour hommes?
How do I get an outside line?	Comment puis-je obtenir une ligne extérieure?
How can I make a local call?	Comment puis-je passer un appel local?
How can I make a long-distance call?	Comment puis-je faire un appel interurbain?
How can I make an overseas call?	Comment puis-je faire un appel à l'étranger?
Do you have a/an . . .	Avez-vous . . .
cafeteria?	une cafétéria?
conference room?	une salle de conférences?
copier?	une photocopieuse?
extra desk?	une table supplémentaire?
office I can use?	un bureau que je puisse utiliser?
phone?	un téléphone?
telephone directory?	un annuaire téléphonique?

139

Could you show me/us the . . .	Pourriez-vous me/nous montrer . . .
elevator?	l'ascenseur?
exit?	la sortie?
restroom?	les toilettes?
staircase?	l'escalier?
way out?	comment sortir?
Where is the . . .	Où est . . .
accounting department?	la comptabilité?
mail room?	le service de courrier?
personnel department?	le département de personnel?
shipping department?	le département d'expédition?
warehouse?	l'entrepôt?
Who is responsible for . . .	Qui est chargé . . .
arranging my flight?	d'organiser mon vol?
fixing the copier?	de réparer la photocopieuse?
running the copier?	de faire fonctionner la photocopieuse?
sending mail?	d'envoyer le courrier?

OFFICE OBJECTS

"Envoyer un paquet"
MONSIEUR CHABROL: *J'aimerais envoyer ce paquet aux États-Unis.*
EMPLOYÉ: *Quand voulez-vous qu'il arrive?*
MONSIEUR CHABROL: *Dans deux ou trois jours. Est-ce que c'est un problème?*
EMPLOYÉ: *Non, pas du tout.*

"Sending a Package"
MR. CHABROL: I would like to ship this package to the United States.
CLERK: How soon do you want it to get there?
MR. CHABROL: In two or three days. Will that be a problem?
CLERK: No, not at all.

Here's a list of office objects in alphabetical order:

Cabinets

Bookcase
File cabinet
Hanging cabinet
Lateral file

Letter/Legal size

Mobile file
Safe
Steel cabinet
Storage cabinet
Vertical file

Placards

la bibliothèque
le classeur à tiroirs
l'armoire murale (*f.*)
le dossier de rangement
   latéral
le format (dimensions)
   lettre/juridique
le dossier mobile
le coffre-fort
l'armoire métallique (*f.*)
l'armoire de rangement (*f.*)
le dossier de rangement
   vertical

Carts and Stands

Book cart
Computer cart
Mail cart

Printer/fax stand

Storage cart

Chariots et supports

le chariot à livres
le chariot pour ordinateur
le chariot de distribution du
   courrier
le support pour
   imprimante/fax
le chariot de rangement

Chairs

Ergonomic chair
Executive chair
Folding chair
Leather chair
Manager chair
Side chair

Chaises

la chaise ergonomique
le fauteuil directorial
la chaise pliante
le fauteuil en cuir
le fauteuil directorial
la chaise d'appoint

| Stacking chair | la chaise empilable |
| Swivel chair | le fauteuil tournant |

And what would we do without computers? When they are down, we are down.

Computer Accessories | ## Accessoires pour ordinateurs

Adapter	l'adaptateur
Cable	le câble
Data cartridge	la cartouche de données
Diskette/floppy disk	la disquette/floppy disk
Keyboard	le clavier
Monitor	le moniteur
Mouse	la souris
Mouse pad	le tapis de souris
Power cord	le cable électrique
Surge protector	la protection contre la surtension
Wrist rest	l'appuie-poignet
Zip drive	le lecteur de Zip

Desks | ## Tables

Computer desk	la table d'ordinateur
Steel desk	la table métallique
Wooden desk	la table en bois
Work center	la place de travail intégrée

Desktop Material | ## Matériel de dessus de table

Glass	le verre
Leather	le cuir
Metal	le métal
Plastic	le plastique
Steel	l'acier (*m.*)
Wood	le bois

Furnishings

Mobilier/ Ameublement

Bookshelf	la bibliothèque
Bulletin board	le tableau d'affichage
Business card file	le fichier pour cartes de visite
Calendar	le calendrier
Chalkboard	le tableau noir
Clock	l'horloge (*m.*)
Coat hook or coatrack	le portemanteau
Coffee table	la table basse
Corkboard	le panneau en liège
Cup	la tasse
Desk lamp	la lampe de bureau
Doorstop	le butoir de porte
Easel	le chevalet
Floor lamp	le lampadaire
Floor mat	le tapis
Frame	le cadre
Paper clip	le trombone
Paper cutter	le coupe-papier
Picture	la photographie
Projection screen	l'écran de projection (*m.*)
Punch	le perforateur
Pushpin	la punaise
Rubber band	l'élastique (*m.*)
Ruler	la règle
Scissors	les ciseaux (*m.pl.*)
Stamp	le tampon (rubber)/ le timbre-poste (mail)
Stamp moistener	l'humidificateur pour timbres (*m.*)
Staple remover	l'otagraf (*m.*)
Stapler	l'agrafeuse (*f.*)
Tack	la punaise/le clou
Tape dispenser	le distributeur de Scotch
Telephone book	l'annuaire téléphonique (*m.*)

Three-hole punch	le perforateur à trois trous
Wallboard	le panneau mural
Wall planner	le planning mural
Wastebasket	la corbeille à papier/la poubelle

And when you're in the office, you have to keep organized. The following objects will be helpful:

Organizers	*Organisateurs*
Appointment book	le carnet de rendez-vous
Basket tray	le bac à documents
Binder	le classeur
Bookend	le serre-livres
Business card holder	le support pour cartes de visite
Desk organizer	le range-tout
In/Out boxes	les bacs pour courrier entrant/sortant
Hanging wall pockets	les bacs à papier muraux
Magazine rack	le porte-revues
Pencil caddy	la boîte à crayons
Rolodex card file	le fichier à cartes Rolodex
Stacking letter tray	le bac à lettres superposable
Tray	le bac
Vertical holder	le support vertical

Maybe someday we'll eliminate paperwork, but for now we still need to write things down. So here are the words for it.

Paper and Forms	*Papier et Formulaires*
Bond	le papier à lettres de luxe
Business card	la carte de visite
Business stationery	le papier à lettres commercial
Clipboard	le porte-bloc à pince

Columnar or accounting sheets	les feuilles de papier à colonnes ou pour la comptabilité
Computer paper	le papier pour ordinateur
Construction paper	le papier canson
Continuous computer	le rouleau de papier perforé pour ordinateur
Copier paper	le papier pour photocopieuse
Drafting paper	le papier à dessin
Envelope	l'enveloppe (*f.*)
File folder	la chemise à dossiers
Folder	la chemise
Form	le formulaire
Graph paper	le papier millimétré
Hanging file holder	la chemise à dossiers suspendue
Label	l'étiquette (*f.*)
Large business envelope	l'enveloppe commerciale de grande taille
Letterhead	l'en-tête (*m.*)
Letter opener	le coupe-papier
Message pad	le bloc pour messages
Notebook	le carnet/ le livre de comptes/l'agenda électronique
Note pad	le bloc-notes
Post-it® notes	les notes Post-it® (*f.pl.*)
Report cover	la couverture de rapport
Reporter notebook	le carnet de reporter
Ruled writing pad	le bloc ligné
Scratch pad	le bloc-notes
Steno pad	le bloc sténo
Writing pad	le bloc de papier à lettres

When bringing American-sized documents to Europe, keep in mind that paper sizes differ slightly. A4 paper (210 mm × 297 mm), which is the

European industry norm, is longer and narrower than the normal American letter size (216 mm x 279 mm). Legal-size format does not exist.

Pens and Pencils / Stylos et crayon

Ballpoint pen	le stylo bille
Correction fluid	le liquide correcteur
Eraser	la gomme
Highlighter	le marqueur fluorescent
Ink pen	la plume (à encre)
Lead	la mine (de crayon)
Marker	le marqueur
Mechanical pencil	le crayon mécanique
Pen	le stylo
Pencil	le crayon
Pencil sharpener	le taille-crayons
Refills	la recharge/la cartouche/la mine de rechange
Retractable pen	le stylo à pointe rétractable
Wood pencil	le crayon en bois

Printers/Faxes / Imprimantes/Fax

Cartridge	la cartouche
Fax paper	le papier fax
Inkjet	à jet d'encre
Laser	laser
Replacement cartridge	la cartouche de rechange
Ribbon	le ruban
Toner cartridge	la cartouche d'encre
Typewriter ribbon	le ruban pour machine à écrire

Tables / Tables

Computer table	la table pour ordinateur
Conference table	la table de conférence
Drafting/artist table	la table à dessin

Folding table	la table pliante
Utility table	la table de service/la table de série

Miscellany   *Autres*

Battery	la pile
Broom	le balai
Cleaning cloth	le chiffon
Cleaning supplies	les produits de nettoyage (*m.pl.*)
Duct tape	le ruban adhésif isolant
Duster	le chiffon à poussière
Extension cord	la rallonge
Fan	le ventilateur
Flashlight	la lampe de poche
Floor mat	le tapis
Glue	la colle
Lightbulb	l'ampoule électrique (*f.*)
Lock	le verrou
Masking tape	le ruban adhésif
Postal meter	la machine à affranchir
Postal scale	la balance (pour envois postaux)
Scotch tape	le papier Scotch/le Scotch
Shipping tape	le papier collant pour paquets
Tape	la cassette (recording)/le ruban adhésif (sticky)
Trash bag	le sac poubelle

Just as in the United States, in France there are many brand names that are used as generic names for particular office objects. A few of those commonly used in offices are: Scotch (Scotch tape), Tip-Ex (Wite-out), Tempo/Kleenex (Kleenex), or Stabilo-Boss (fluorescent marker).

147

TITLES BY LEVEL AND ORGANIZATION CHART

A standardized system of titles has been developed within most U.S. firms. For instance, the term vice president means a significant level of management, usually also an officer. Officer often designates a level that can approve certain significant expenditures. However, sometimes even within the United States titles can differ. For instance, in most companies and organizations the term manager means a person who heads up a sub-area of responsibility, like the manager of recruiting. But, the person in charge of human resources is typically a vice president or director. However, in a few companies the term manager is the equivalent of the title vice president or director.

When you venture to other countries, titles can be quite dissimilar. For instance, in some countries the term director is often equivalent to president or vice president.

"Politique de bureau"

MONSIEUR SERIN: *Avez-vous vu comment Monsieur Dr. Waller a essayé de dominer la présentation lorsque le directeur général est entré dans la pièce?*

MONSIEUR HOLM: *Oui. Il était silencieux jusqu'à ce moment-là, mais ensuite il a essayé de montrer qu'il était l'auteur du rapport.*

MONSIEUR SERIN: *Il a fâché certaines personnes en s'attribuant tout le mérite pour le rapport, alors qu'il y a à peine travaillé.*

MONSIEUR HOLM: *Avez-vous des gens aux États-Unis qui font cela aussi?*

"Office Politics"

MR. SERIN: Did you see Dr. Waller trying to dominate the presentation when the managing director came into the room?

MR. HOLM: Yes. He was quiet up until then, but then he tried to show that he was responsible for the report.

MR. SERIN: He made some people angry for taking all the credit for the report when he hardly worked on it.

MR. HOLM: Do you have people in the United States who do that, too?

Key Words

Authority	l'autorité (f.)
Employee	l'employé(e)
Employer	l'employeur (m.)
Organization	l'organisation (f.)
Promotion	la promotion
Raise	l'augmentation de salaire (f.)
Report to somebody (to)	être sous les ordres (de)
Responsibility	la responsabilité
Structure	la structure
Title	le titre

Here is a list of basic corporate titles and their French equivalents, ordered by level:

Chairman/Chairwoman	le président/la présidente
President/CEO	**le président directeur général/ la présidente directrice générale (PDG)**
Vice President	**le vice-président/ la vice-présidente**

Director	**le directeur/la directrice**
Manager	**le/la manager/le directeur/ la directrice**
Managing Director	**le directeur général/ la directrice générale**
Supervisor	**le/la responsable**
Senior Analyst	**l'analyste en chef** *(m./f.)*
Analyst	**l'analyste** *(m./f.)*
Junior Analyst	**l'analyste subalterne** *(m./f.)*
Coordinator	**le coordinateur/ la coordinatrice; le coordonnateur/ la coordonnatrice**
Administrative Assistant	**l'assistant(e) administratif(-ive)/ l'adjoint(e) d'administration**
Secretary	**le/la secrétaire**
Receptionist	**le/la réceptionniste**

All larger French companies are required to have a workers' representation board. The members are employees of the company, and often belong to the union as well. However, the union is only involved if there are extreme disputes. Most issues are resolved in negotiations between the representation board and the management of a company. Unions function on a higher level by negotiating issues such as minimum pay, vacation, and other benefits.

Now take a look at the chart below representing a typical organization of a French company. As you can see, the differences with regard to a typical U.S. company are rather small.

Organization chart of a French company

- Board of Directors
  Conseil d'administration

- Chairman—CEO
  Président(e)

- President—CEO
  Président(e)-directeur (-trice) général(e) (P.D.G.)

- Vice President Operations
  Vice-président(e) de l'opération

- Vice President Marketing
  Vice-président(e) du marketing

- Vice President Finance and Administration
  Vice-président(e) des finances et de l'administration

- Chartres Plant
  Usine de Chartres

- New Products
  Nouveaux produits

- Treasurer
  Trésorier

- Data Processing
  Traitement des données

- China Plant
  Usine de Chine

- Sales
  Ventes

- Controller
  Plantificateur

- Purchasing
  Achats

- Public Relations
  Relations publiques

- Accounting
  Comptabilité

- Human Resources
  Ressources humaines

FUNCTIONAL AREAS OF A COMPANY

Looking for a word in your field of endeavor? You will probably find it below. These are the main areas within a company or organization. Many of these terms, of course, also apply to organizations outside of a company. The areas covered are*:

Accounting and finance	la comptabilité et les finances (*f.pl.*)
Computer systems (data processing)	les systèmes d'informatique (*m.pl.*)
Human resources	les ressources humaines (*f.pl.*)
Legal and international law	le département juridique
Manufacturing and operations	les opérations de fabrication (*f.pl.*)
Marketing and sales	les ventes (*f.pl.*) et marketing (*m.*)

Accounting and Finance

What form do I use to submit my expenses?	Quel formulaire dois-je utiliser pour soumettre ma note de frais?
Where are your billing records kept?	**Où les dossiers de facturation sont-ils rangés?**
Are you on a calendar or fiscal year?	**Suivez-vous l'année civile ou l'année fiscale/exercice budgétaire?**
When do we close the books?	**Quand faisons-nous la clôture des comptes?**
Is your organization on the accrual or cash method?	**Votre organisation utilise-t-elle la méthode de compensation des coûts ou le règlement en liquide?**

---

* Also check the Glossary of Industry-Specific Terms for more terms pertaining to related business areas.

Account	le compte
Accountant	le/la comptable
Accrual method	la méthode de compensation des coûts
Amortization	l'amortissement (*m.*)
Assets	l'actif (*m.*)/les biens (*m.pl.*)
Audit	l'audit (*m.*)
Balance sheet	la feuille de bilan
Bankruptcy	la faillite
Bill	la facture
Billing records	les dossiers de facturation (*m.pl.*)
Break even (to)	rentrer dans ses frais
Budget	le budget
Calendar year	l'année civile (*f.*)
Capital	le capital
Capital budget	le budget d'investissement
Capital improvements	les revenus de capitaux
Cash	les espèces (*f.pl.*)/l'argent liquide (*m.*)
Cash flow	la marge brute d'auto-financement/le cash flow
Cash method	la méthode de règlement en liquide
Chart of accounts	le tableau des comptes
Closing of the books	la clôture des comptes
Command	l'ordre (*m.*)
Controller	le planificateur/la planificatrice; le directeur/la directrice
Cost	le coût
Cost accounting	la comptabilité analytique
Credit	le crédit
Debit	le débit
Debt	la dette/les dettes
Default	le non-remboursement/le non-paiement
Depreciation	la dépréciation

Disbursement	le débours/le déboursement
Dividend	le dividende
Equity	la participation
Fair market value	la valeur marchande appropriée
Financial analyst	l'analyste financier (*m./f.*)
Financial statement	l'état de la situation financière
Fiscal year	l'exercice budgétaire (*m.*)/ l'année fiscale (*f.*)
General ledger	le registre général (de comptabilité)
Goodwill	le fonds commercial/ la clientèle
Gross income	le revenu brut
Gross sales	les ventes brutes (*f.pl.*)
Income	le revenu
Income statement	le relevé des revenus
Interest	l'intérêt (*m.*)
Inventory	l'inventaire (*m.*)
Invoice	la facture
Journal	le journal
Ledger	le registre (de comptabilité)
Liabilities	le passif/les dettes (*f.pl.*)
Liquid asset	la liquidité/les liquidités
Margin	la marge
Market value	la valeur marchande
Net earnings	le revenu net
Net worth	la valeur nette
Operating expenses	les frais d'exploitation (*m.pl.*)
Overhead	les frais généraux (*m.pl.*)
Payroll	le fichier des salaires/la paie (du personnel)
Per diem	à la journée
Profit	le profit
Profit-and-loss statement	le relevé des pertes et profits
Requisition	la commande/la demande

Return on investment	le rendement (d'investissement)
Sales	les ventes
Statement of cash flows	le relevé de marge brute d'auto-financement/de cash flow
Stock	l'ensemble du capital/des actions (m.)
Straight-line depreciation	l'amortissement constant (m.)
Trial balance	le bilan de vérification
Voucher	le reçu/le bon
Wages	le salaire
Zero-based budgeting	le budget à base zéro

Computer Systems (Data Processing)*

What is my password?	**Quel est mon mot de passe?**
How do I get a password?	**Comment puis-je obtenir mon mot de passe?**
My printer won't work.	**Mon imprimante ne fonctionne pas.**
Who can help me with my computer?	**Qui peut m'aider avec mon ordinateur?**

Access (to) the Internet	se connecter à l'internet
Access code	le code d'accès
Alt key	la touche 'Alt'
Analog	analogue
Application	l'application (f.)
At sign (@)	l'arobas (m.)/le signe 'at'
Attach a file to an e-mail (to)	ajouter/rattacher un fichier à un e-mail
Attachment	le document joint/la pièce jointe

---

* See also the section on Telecommunications in the Glossary of Industry-Specific Terms.

155

Backslash	la barre oblique inverse
Backspace key	la touche d'espacement arrière
Banner ad	la publicité banderole
BASIC language	le langage BASIC
Baud	le baud
Beta program	le programme beta
Beta test	le test de probabilité beta
Boot (to)	amorcer
Broadband	la bande large
Browse (to)	parcourir/survoler
Browser	le browser
Bug	la bogue/le bug
Byte	l'octet (*m.*)
CD-ROM	le cédérom/le CD-ROM
CD-ROM drive	le lecteur de CD-ROM
Cell	la cellule
Central Processing Unit	l'unité centrale (*f.*)
Chip	la puce (électronique)
Click (to)	cliquer
Clip art	le clip-art
Clock speed	la rapidité Megahertz (IBM)/ le clockspeed (Mac)
Close (to)	fermer
COBOL language	le langage COBOL
Command	la commande
Communications port	le port de communications
Compatible	compatible
Compressed file	le fichier comprimé
Control (Ctrl) key	la touche 'Control' (Ctrl)
Copy	la copie
Copy (to)	copier
CPU (Central Processing Unit)	l'unité centrale (*f.*)
Crash	l'accident (*m.*)/la faillite/ le crash
Cursor	le curseur
Cut (to)	couper

156

Data	les données (*f.pl.*)
Database	la base de données
Debug (to)	déboguer
Delete (to)	effacer
Delete key	la touche 'Delete'
Desktop computer	l'ordinateur de bureau (*m.*)
Desktop publishing	la publication assistée par ordinateur (PAO)/ la micro-édition
Dialog box	la boîte de dialogue
Digital	digital
Disk	le disque
Disk drive	l'unité de disques (*m.*)
Diskette	la disquette
Document	le document
Double-click (to)	double-cliquer
Download (to)	télécharger
Drag and drop (to)	tirer et lâcher (avec la souris)
DRAM/SRAM	DRAM/SRAM (de-rahm/ ess-rahm)
DVD	le DVD (deh-veh-deh)
E-commerce	le commerce électronique
E-commerce companies	les compagnies de commerce électronique
Educational software	le logiciel de formation/ d'instruction
E-mail	l'e-mail (*m.*)/le courriel (*Québec*)
E-mail (to)	envoyer un e-mail (à)
Engine	le moteur
Enter (to)	entrer
Enter key	la touche 'Enter'
Entertainment software	le logiciel de divertissement
Error message	le message d'erreur
Escape (Esc) key	la touche 'Escape' (Esc)
Field	le champ
File	le fichier
Flat screen	l'écran plat (*m.*)

Folder	le dossier
Font	la police de caractères
FORTRAN language	le langage FORTRAN
Forward an e-mail (to)	faire suivre un e-mail
Forward slash	la barre oblique
Gigabyte	le gigaoctet
Graphics	les graphiques (*m.pl.*)
Go online (to)	se connecter
Hacker	le pirate informatique (*illegal*)/le passionné d'informatique (*legal*)
Hard drive	le disque dur
Hardware	le matériel/le hardware
Hertz	Hertz
Host	l'hôte (*m.*)
Host (to)	accueillir
Hypertext	l'hypertexte (*m.*)
IBM-compatible	IBM-compatible
Icon	l'icône (*f.*)
Insert (to)	insérer
Install (to)	installer
Instruction	l'instruction (*f.*)
Integrated circuit	le circuit intégré
Internet	l'internet (*m.*)
Internet address	l'adresse internet (*f.*)
Internet advertising	la publicité internet
ISP (Internet Service Provider)	le fournisseur d'accès à l'internet
Key (to)	saisir (des données)
Keyboard	le clavier
Language	le langage
Laptop	l'ordinateur portable (*m.*)
Laser printer	l'imprimante laser (*f.*)
LCD screen	l'écran d'affichage à cristaux liquids (*m.*)
Left click (to)	cliquer sur la touche de gauche (de la souris)
Load (to)	charger

Log on/off (to)	se connecter/se déconnecter; ouvrir une session/fermer une session
Mail merge	multiadresser (une lettre)
Mainframe	l'ordinateur central (*m.*)
Maximize (to)	agrandir
Megahertz	Megahertz
Memory	la mémoire
Menu	le menu
Microprocessor (Intel, Motorola)	le microprocesseur (Intel, Motorola)
Minimize (to)	réduire
Modem	le modem
Monitor	le moniteur
Monitor (to)	contrôler/surveiller
Mouse	la souris
Mouse pad	le tapis de souris
Nanosecond	la nanoseconde
Network	le réseau
Notebook computer	l'ordinateur-agenda (*m.*)
Online	en ligne/online
Open (to)	ouvrir
Operating system (Windows, Linux, Unix)	le système d'exploitation (Windows, Linux, Unix)
Page	la page
Page down/up (to)	avancer/revenir en arrière
Palmtop computer	l'ordinateur Palmtop (*m.*)
Parallel port	le port parallèle
Password	le mot de passe
Paste (to)	coller
PC (Personal Computer)	le PC (peh-seh)
Plotter	le traceur (de courbes)
Portal	le portail
Press a button (to)	presser un bouton
Print (to)	imprimer
Printer	l'imprimante (*f.*)
Program	le programme
Program (to)	programmer

Programmable logic device	outils logique programmable (*m.*)
Programmer	le programmeur/ la programmeuse
Prompt	le message guide-opérateur
Record	l'enregistrement (*m.*)
Right click (to)	cliquer sur la touche de droite (de la souris)
Save (to)	sauvegarder/enregistrer
Scan (to)	scanner
Scanner	le scanner
Screen	l'écran (*m.*)
Screen (to)	examiner/masquer
Scroll (to)	faire défiler
Search	la recherche
Search (to)	rechercher
Search engine	le moteur de recherche
Serial port	le port en série
Server	le serveur
Shift key	la touche 'Shift'
Software	le logiciel
Sort (to)	trier
Space bar	la barre d'espacement
Speaker	le haut-parleur
Spell-check (to)	corriger l'orthographe
Spell-checker	le correcteur orthographique
Surf the Internet (to)	surfer l'internet
System	le système
Tab key	le tabulateur
Technical support	le support technique
Telecommuting	le télétravail
Teleconferencing	la téléconférence
Use (to)	utiliser
User	l'utilisateur (*m.*)
User-friendly	facile à utiliser/convivial(e)
Virus	le virus
Voice recognition	la reconnaissance vocale
Web	le web

Web browser	le web-browser
Web page	la page web
Web site	le site web
Wireless	sans fil/radiophonique
Word processor	le traitement de texte
World Wide Web (WWW)	le world wide web (WWW)/ le réseau mondial
Zip disk	le disque Zip
Zip drive	le lecteur de disque Zip/ le Zip-drive

 Many of the acronyms and abbreviations used in America are used in France as well. For example: ASAP (as soon as possible), AFK (away from keyboard), B4N (bye for now), BBL (be back later), BTW (by the way), CU (see you), GA (go ahead), IC (I see) or WB (welcome back) are commonly used in French Internet communications.

Human Resources

Where do you keep the personnel files?	Où rangez-vous les dossiers du personnel?
What do you keep in the personnel files?	Qu'est-ce qui figure dans les dossiers du personnel?
What organization regulates the hiring and firing in your country?	Quelle organisation contrôle les conditions d'engagement et de licenciement dans votre pays?
How much do you use the Internet for hiring in your country?	Dans quelle proportion utilisez-vous internet pour engager du personnel dans votre pays?
How much turnover do you have at this plant?	Quelle est la proportion de rotation du personnel dans cette usine?
What benefits do you offer?	Quels sont les avantages sociaux que vous offrez?

What is your normal retirement age?	Quel est l'âge normal de mise à la retraite?
Absent	absent
Actuary	l'actuaire (m./f.)
Advertise a position/ job (to)	mettre une annonce pour un poste/un emploi
Appraise job performance (to)	evaluer la performance dans le travail
Background	la formation
Beneficiary	le/la bénéficiaire
Bonus	la prime (de fin d'année)/le bonus
Career	la carrière
Compensation	la compensation
Corporate culture	la culture d'entreprise
Counsel (to)	conseiller
Counseling	l'assistance (f.)/l'aide psychosociale (f.)
Cross-training	la formation à plusieurs niveaux/fonctions
Deferred compensation	la compensation différée/la compensation par paiements échelonnés
Disability	l'invalidité (f.)
Dotted-line responsibility	la responsabilité indirecte
Employee benefits	les avantages sociaux pour les employés (m.pl.)
Employee turnover	le renouvellement du personnel
Employment	l'emploi (m.)
Expatiate (to)	disserter/discourir
Flextime	l'horaire flexible (m.)/ l'horaire souple (m.)
Fringe benefits	les avantages sociaux (m.pl.) /les advantages annexes (m.pl.)
Health insurance	l'assurance-maladie (f.)

Human relations	les relations humaines (*f.pl.*)
Human resources	les ressources humaines (*f.pl*)/ le département du personnel
Interview	l'entretien (*m.*)
Interview (to)	faire passer un entretien
Job	l'emploi (*m.*)/le poste
Job description	la description de poste
Job listing/ad(vertisement)	l'offre d'emploi (*f.*)
Job skills	les competences (*f.pl.*)/ qualifications de travail (*f.pl.*)
Life insurance	l'assurance-vie (*f.*)
List a job (to)	lister un emploi (computer)/ dresser la liste
Manage (to)	diriger/administrer
Management	la gestion/le management
Management training	l'apprentissage de manager (*m.*)
Matrix management	la gestion de matrice/le management de matrice
Merit increase	l'augmentation de salaire au mérite (*f.*)
Micromanage (to)	micromanager
Morale	le moral
Motivation	la motivation
Nepotism	le népotisme
On-the-job training	la formation sur le tas
Organization	l'organisation (*f.*)
Organization chart	le tableau d'organisation
Paycheck	le chèque de paie
Pension	la pension/la retraite
Performance appraisal	l'évaluation de la performance (*f.*)
Personnel	le personnel
Personnel file	le dossier personnel (d'un employé)
Position	la position/le rang

Promote (to)	promouvoir
Promotion	la promotion
Recruiter	le recruteur/le responsable du recrutement
Relocation	la mutation (d'un employé)
Restructuring	la restructuration
Résumé	le curriculum vitae
Retire (to)	prendre sa retraite
Retirement plan	le plan de retaite
Salary	le salaire
Salary grade	la classe de salaire
Salary survey	l'étude des salaires (f.)
Seniority	l'ancienneté (f.)
Skills	les competences (f.pl.)/les qualifications (f.pl.)
Solid-line responsibility	la responsabilité directe
Stock options	les options d'achat de titres (f.pl.)
Supervise (to)	superviser/diriger
Supervisor	le responsable
Train (to)	former
Training	la formation
Turnover	le taux de renouvellement
Unemployment	le chômage
Vacation	les vacances (f.pl.)
Wages	le salaire

Legal and International Law

What is the procedure to apply for a patent, copyright, or trademark in your country?	**Quelle est la procédure à suivre pour obtenir un brevet, un copyright ou une marque (de fabrique) dans votre pays?**
Do you recognize a service mark in your country?	**Reconnaissez-vous une marque de service dans votre pays?**

What is the procedure to register a prescription drug in your country?	Quelle est la procédure à suivre pour enregistrer une préparation médicinale dans votre pays?
How much legal work do you do out-of-house?	**Combien de travail juridique effectuez-vous à l'extérieur?**
Affidavit	la déclaration écrite sous serment
Alibi	l'alibi (*m.*)
Appeal	l'appel (*m.*)
Appeal (to)	faire appel
Attorney	l'avocat(e)
Bail	la caution
Bankruptcy	la faillite
Bar	le barreau
Barrister	l'avocat(e)
Bench	la magistrature/la cour
Boilerplate	le contrat-type
Brief	le dossier (juridique)
Bylaws	les règlements intérieurs (*m.pl.*)
Cartel	le cartel
Cease and desist order	l'ordonnance de cessation d'abstention (*f.*)
Civil law	le droit civil
Commit a crime (to)	commettre un crime/un délit
Consideration	la considération
Contract	le contrat
Copyright	le copyright/le droit d'auteur
Copyright (to)	déposer (un travail)
Corpus	le capital d'une fiducie
Court	le tribunal/la cour
Covenant	l'engagement (*m.*)/la convention
Crime	le crime/le délit
Cross-examination	le contre-interrogatoire

Cross-examine (to)	faire subir un contre-interrogatoire
Damages	les dommages-intérêts (*m.pl.*)
Defense	la défense
Defraud (to)	escroquer/frauder
Discovery	la communication des pièces
Evidence	les preuves (*f.pl.*)
Felony	le crime
Fiduciary	fiduciaire (*m./f.*)
Find (to)	trouver/découvrir; se prononcer en faveur de/contre quelqu'un (jury)
Finding	la conclusion
Fraud	la fraude/l'escroquerie (*f.*)
Indict (to)	inculper/accuser
Indictment	l'acte d'accusation (*m.*)
In-house	interne/de la maison
International law	la loi internationale
Judge	le juge
Judge (to)	juger
Judgment	le jugement
Jury	le jury
Law	la loi
Law firm	le cabinet juridique
Lawsuit	le procès
Lawyer	l'avocat(e)/le (la) juriste
Legal	légal(e)
Litigation	le(s) litige(s)
Malpractice	les malversations (*f.pl.*)/la faute professionnelle
Motion	la motion
Negligence	la négligence
Order (to)	ordonner (à)
Patent	le brevet
Patent (to)	faire breveter
Plaintiff	le/la plaignant(e)
Probate	l'homologation (*f.*)

Prosecute (to)	poursuivre (quelqu'un) en justice
Prosecutor	le procureur (m./f.)/ l'avocat(e) de la partie civile
Restrain (to)	letenir/contenir/limiter
Restraining order	l'injonction (f.)
Service mark	la marque de service
Solicitor	le notaire
Sue (to)	intenter un procès (à)
Suit	le procès
Tax	la taxe/l'impôt (m.)
Tax (to)	taxer/imposer
Tort	le préjudice
Trademark	la marque de fabrique/la marque déposée/le label

Manufacturing and Operations

Where are your main production plants?	Où sont vos usines de production principales?
How many shifts do you run?	Combien de périodes de travail avez-vous par jour?/ Combien d'équipes de travail avez-vous par jour?
Is your plant unionized?	Votre usine est-elle syndiquée?
What is your throughput at this plant?	Quel est votre débit pour cette usine?
How many cars and trucks will you produce at this plant this year?	Combien de voitures et camions produirez-vous dans cette usine cette année?
Where does engineering fit into your organization?	Quelle est la place de l'ingénierie dans votre organisation?
What types of engineers do you employ?	Quels types d'ingénieurs employez-vous?
How many engineers do you employ?	Combien d'ingénieurs employez-vous?

Accident	l'accident (*m.*)
Assembly line	la chaîne de montage
Controls	les contrôles (*m.pl.*)
Earplugs	les boules Quiès (*f.pl.*)/les bouchons d'oreille (*m.pl.*)
Engineer	l'ingénieur(e)
Engineer (to)	construire
Fabricate	fabriquer
Factory	la fabrique/l'usine (*f.*)
Factory floor	les ateliers (*m.pl.*)
Floor	l'atelier (*m.*)
Foreman	le contremaître
Forge (to)	forger
Forklift	le chariot élévateur à fourche
Gasket	le joint (d'étanchéité)
Goggles	les lunettes protectrices (*f.pl.*)
Inventory	l'inventaire (*m.*)
Just-in-time inventory	l'inventaire à flux tendus (*m.*)
Just-in-time manufacture	la manufacture en flux tendus
Machinery	les machines (*f.*)/les rouages (*m.pl.*)
Manufacture (to)	fabriquer
Manufacturer	le fabricant/le constructeur (for cars)
Model	le modèle
Operate (to)	faire marcher
Operations	les activités (*f.pl.*)/l'opération (*f.*)
Plant	l'usine (*f.*)
Plant manager	le/la directeur/directrice d'usine
Prefabricate (to)	préfabriquer
Procurement	l'acquisition (*f.*)
Purchase (to)	acheter
Purchasing	l'achat (*m.*)
Quality	la qualité
Quality control	le contrôle de qualité
Railroad	le chemin de fer

Raw materials	les matières premières (*f.pl.*)
Safety	la sécurité
Safety goggles	les lunettes de protection (*f.pl.*)
Schedule	l'horaire (*m.*)
Schedule (to)	planifier
Scheduling	la planification
Shift (first, second, third)	la période de travail (première, deuxième, troisième)
Ship (to)	envoyer
Shipping	l'expédition (*f.*)/l'envoi (*m.*)
Specifications	les spécifications (*f.pl.*)
Supervisor	le responsable/le contremaître
Supplier	le fournisseur
Tank	le réservoir/la cuve
Total Quality Management	la gestion intégrale de la qualité
Union	le syndicat
Union contract	le contrat syndical
Vat	la cuve
Warehouse	l'entrepôt (*m.*)
Worker	l'ouvrier/l'ouvrière

Marketing and Sales

"Plaintes de la clientèle"
MADAME JEANNET: Pourquoi recevons-nous autant de plaintes de nos clients?
MONSIEUR SANDER: C'est la raison pour laquelle nous vous avons engagée.
MADAME JEANNET: Alors demandons aux représentants de la clientèle de tenir un registre des différents types de plaintes pendant une semaine.

MONSIEUR SANDER: Pourriez-vous concevoir le registre?
MADAME JEANNET: Oui, il sera prêt cet après-midi.

"Customer Complaints"

MS. JEANNET: Why are we getting so many complaints from our customers?

MR. SANDER: That's why we hired you.

MS. JEANNET: Then let's have the customer representatives keep a log of the various types of complaints for a full week.

MR. SANDER: Could you design the log?

MS. JEANNET: Yes, I'll have it ready this afternoon.

The customer service of most companies in Europe is generally quite efficient, courteous, and fast. When it comes to returns, you might, however, run into some resistance. Goods will be exchanged or repaired, but often not taken back.

What is your advertising budget for the year?	Quel et votre budget publicitaire pour l'année?
Which advertising agency do you use?	Quelle agence de publicité utilisez-vous?
Which media do you use, and why?	Quels médias utilisez-vous et pourquoi?
Who are your product (or service) competitors?	Quels sont vos concurrents pour ce produit (ou service)?
What is your market share?	Quelle est votre part de marché?

Account	le compte/le budget (de publicité)
Account executive	le chef de publicité
Ad/Advertisement	la publicité
Ad campaign	la campagne publicitaire

Advertising	la publicité
Advertising effectiveness	l'efficacité publicitaire (*f.*)
Advertising manager	le/la directeur/directrice de publicité
Advertising objectives	les objectifs publicitaires (*m.pl.*)
Advertising rates	les tarifs publicitaires (*m.pl.*)
Agency	l'agence (*f.*)
Agent	l'agent (*m.*)
Art director	le/la directeur/directrice artistique
Artwork	le travail d'art/les illustrations (*f.pl.*)
Audience	l'audience (*f.*)
Audience measurement	l'audimat (*m.*)/l'indice d'écoute (*m.*)
Audience profile	le profil du public/d'audience
Bait and switch advertising	la publicité comparative
Banner ad	la publicité en banderole (*Internet only*)
Bar code	le code barres
Barriers to entry	la limitation d'entrée/l'accès restreint (*m.*)
Billboard	l'affiche (*f.*)
Billings	l'affiche (*theater*)
Blow-in	l'explosion (*f.*)/l'entrée (*f.*)
Brochure	la brochure
Brand	la marque
Brand loyalty	la fidélité à une marque
Brand name	la marque déposée
Broadcast media	les médias radiotélévisés (*m.pl.*)
Buyer	l'acheteur (*m.*)
Campaign	la campagne
Captive market	le marché captif
Catalog	le catalogue
Circular	la circulaire
Circulation	la circulation/la distribution

Classified advertising	les annonces classes (*f.pl.*)
Closing date	la date de clôture
Cold call	la visite d'un démarcheur/ l'appel d'un démarcheur (*m.*)
Commercial	la publicité radio/télévisée
Commodity/Product	la denrée/l'article (*m.*)
Competition	la concurrence/la compétition
Competitive advantage	l'avantage concurrentiel (*m.*)
Consumer	le consommateur/la consommatrice
Consumer research	la recherche du marché de consommation
Copy	la copie
Corporate communications	les communications (*f.pl.*)
Creative director	le/la directeur/directrice créatif
Creativity	la créativité
Culture	la culture
Customer	le/la client(e)
Customer complaints	les plaintes de la clientèle (*f.pl.*)
Customer satisfaction	la satisfaction de la clientèle
Customer service	le service clientèle
Database	la banque de données
Demand	la demande
Demographics	la démographie
Direct mail	le mailing
Discount	le rabais/la remise
Distribution	la distribution
Economic factors	les facteurs économiques (*m.pl.*)
Elastic demand	la demande variable
Endorsement	l'approbation (*f.*)/l'adhésion (*f.*)
Exposure	la couverture médiatique/ l'exposition
Expressed warranty	la garantie expresse

Focus group	le groupe d'intérêt
Forecast	la prévision
Frequency	la fréquence
Fulfillment	la réalisation/ l'accomplissement (*m.*)
Galley proof	la galée
General sales manager	le/la directeur/directrice général des ventes
Global marketing	le marketing global
Graphic design	le graphisme
Hard sell	la vente selon des méthodes agressives
Illustration	l'illustration (*f.*)
Image	l'image (*f.*)
Implied warranty	la garantie implicite
Impulse buying	l'achat sur un coup de tête (*m.*)
Incentive	la prime/L'encouragement (*m.*)
Inelastic demand	la demande fixe
Infomercial	la publicité informative/ l'information publicitaire (*f.*)
Insert	l'encart (*m.*)
Institutional marketing	le marketing institutionnel
Inventory	l'inventaire (*m.*)
Island display	l'îlot (*m.*)
Junk mail	les prospectus (*m.pl.*)
Kiosk	le kiosque
Label	l'étiquette (*f.*)
Layout	La mise en page
Lead	l'avance (*f.*)
Licensing	la réglementation
Lifestyle	le mode de vie
List price	la liste des prix
Logo	le logo
Magazine	le magazine/la revue
Mail order	la commande par correspondance
Mailing list	le fichier-clientèle

Margin	la marge
Markdown	le rabais
Market	le marché
Market (to)	commercialiser/vendre/mettre sur le marché
Marketing	le marketing
Marketing budget	le budget de marketing
Marketing director	le/la directeur/directrice du marketing
Marketing manager	le/la directeur/directrice du marketing
Marketing plan	le plan de commercialisation
Market niche	le marché spécialisé
Market penetration	la pénétration du marché
Market research	l'étude de marché (f.)
Market share	la part de marché
Mass marketing	la commercialisation massive
Mass media	les mass media (m.pl.)
Media	les medias (m.pl.)
Media buyer	l'acheteur médiatique (m.)
Media research	la recherche médiatique
Merchandise	la marchandise
Merchandizing	le marchandisage
Message	le message
National account	le budget national (de publicité)/le client à l'échelle nationale
Needs	les besoins (m.pl.)
New product development	le développement d'un nouveau produit
News conference	la conférence de presse
Newspaper	le journal
News release	le communiqué de presse
Niche	le créneau
Niche marketing	le marketing de créneaux
Opinion research	le sondage d'opinion
Order form	le formulaire de commande
Outdoor advertising	la publicité d'extérieur

Outdoor billboards	les affiches en plein air (*f.pl.*)
Packaging	l'emballage (*m.*)/le conditionnement/l'image publique (*f.*)
PMS colors (Pantone Matching System)	l'échelle de couleurs Pantone (PMS)
Point-of-sale advertising	la publicité sur les lieux de vente
Premium	le supplément
Price	le prix
Price (to)	fixer le prix (de)
Pricing	la détermination du prix (de)
Product	le produit
Product design	la création de produit
Product launch	le lancement de produits
Product liability	la responsabilité de produits
Product life	la durée de vie de produits
Product mix	le mélange de produits
Promotion	la promotion
Prospect	la perspective/le (la) client(e) potentiel(le)
Publication	la publication
Publicity	la publicité
Public relations	les relations publiques (*f.pl.*)
Radio	la radio
Rate	le taux
Rate card	la carte de taux
Reach	la portée
Readership	le lectorat/le nombre de lecteurs
Rebate	le remboursement/la remise
Recall	le rappel
Recall (to)	rappeler (a product)
Repetition	la répétition
Research	la recherche
Research report	le rapport de recherche
Response	la réponse

Returns and allowances	les remboursements (*m.pl.*) et rabais (*m.pl.*)
Rollout	l'extension de marché (*area increase*) (f.)
Sales	les ventes (*f.pl.*)
Sales analysis	l'analyse commerciale (f.)
Sales contest	le concours de ventes
Sales force	l'équipe de vente (f.); les vendeurs/les vendeuses
Sales manager	le/la directeur/directrice commercial
Salesperson	le vendeur/la vendeuse
Sales report	le rapport de ventes
Sales representative	le (la) représentant(e)
Segmentation	la segmentation
Sell (to)	vendre
Selling	la vente
Service	le service
Share of market	la part de marché
Shelf life	la durée de conservation/la durée de vie
Slogan	le slogan
Specialty product	la spécialité
Sponsor	le sponsor/le parrain
Sponsor (to)	sponsoriser/parrainer
Spot (*radio and TV*)	le spot publicitaire
Storyboard	la maquette préparatoire
Strategy	la stratégie
Subliminal advertising	la publicité subliminale/ invisible
Supplier	le fournisseur
Supply and demand	l'offre (f.) et la demande
Target audience	l'audience-cible (f.)
Target marketing	la publicité ciblée
Television	la télévision
Test group	le groupe test
Test market	le marché test
Trade magazine	le magazine commercial

Trade show	le salon (d'exposition)
Trial offer	l'offre à l'essai (f.)
Unit pricing	le prix à l'unité
Universal Product Code System (UPCS)	le code barres
Vendor	le marchand/le vendeur/le distributeur automatique
Wants	les besoins (m.pl.)/les manques (m.pl.)
Warehouse	l'entrepôt (m.)
Warranty	la garantie
Web site	le site web
Word-of-mouth advertising	la publicité par la bouche à oreille

6 REFERENCE

Here's a place to find words and phrases for everything we missed in other chapters. This chapter contains some critical information to keep you on schedule—so important in any organization—such as expressions used for telling time or words for numbers.

We'll start with words and phrases we hope you'll never have to use, but in an emergency they're critical.

Emergency Expressions
Telling Time
Days of the Week
Months of the Year
Seasons of the Year
Ordinal Numbers
Cardinal Numbers
Basic Mathematical Terms
Acronyms and Abbreviations
Countries, Continents, and
    Languages

EMERGENCY EXPRESSIONS

Help!	**Au secours!**
Fire!	**Au feu!**
Hurry!	**Vite!**
Call an ambulance!	**Appelez une ambulance!**
Call the police!	**Appelez la police!**
Call the fire department!	**Appelez les pompiers!**
Stop, thief!	**Au voleur!**
Stop him/her!	**Arrêtez-le/la!**

Someone/he/she/they	Quelqu'un/Il/Elle a volé . . ./
stole my . . .	Ils ont volé . . .
bag!	mon sac!
briefcase!	mon porte-documents!
wallet!	mon porte-monnaie!
watch!	ma montre!
Leave me alone!	Laissez-moi tranquille!
Can you help me, please?	Pouvez-vous m'aider, s'il
	vous plaît?
Where's the police station?	Où est le poste de police?
I need a lawyer.	J'ai besoin d'un avocat.
Can I make a telephone	Est-ce que je peux
call?	téléphoner?
Do you speak English?	Parlez-vous anglais?
Can you tell me where	Pouvez-vous me dire où se
the U.S. embassy is?	trouve l'ambassade des
	États-Unis?

TELLING TIME

In the United States, most offices use a.m. and p.m. after the number to distinguish between morning and afternoon hours, for instance, 9:00 a.m. and 9:00 p.m. Elsewhere, and in France in particular, the 24-hour system is often used in offices and for other official purposes. For instance, following 12 noon, the hours are 13, 14, . . . and so forth, as opposed to 1, 2, . . . and so forth. An easy way to keep this straight is to subtract or add 12 to the hours you're accustomed to. For instance, if someone says 15:00 hours (spoken as 15 hundred hours in English), you know that it's really 3:00 p.m. Or, likewise, if it's 2:00 p.m. you add 12 to get 14:00 hours. The U.S. Army adopted this system, too, to make sure there would be no misunderstanding of what time was meant. But for business there is little confusion: When we say we'll meet at 4, we know that it's p.m., not a.m.

"Le décalage horaire"

MONSIEUR HENCHOZ: *Quel est le décalage horaire avec New York?*

MADAME CHARLES: *Nous sommes six heures en avance.*

MONSIEUR HENCHOZ: *Autrement dit, lorsqu'il est quatorze heures ici, il est . . .*

MADAME CHARLES: *Huit heures du matin à la maison à New York.*

"Getting the Time Zone Right"

MR. HENCHOZ: What's the time difference with New York?

MS. CHARLES: We're six hours ahead here.

MR. HENCHOZ: In other words, when it is two in the afternoon here, it is . . .

MS. CHARLES: Eight in the morning back home in New York.

What time is it?	**Quelle heure est-il?**
It's 10:30 a.m.	**Il est dix heures trente.**
It's exactly 9:00 a.m.	Il est exactement neuf heures.
Shortly after 10 a.m.	Quelques minutes après dix heures.
Around noon.	**Vers midi.**
What year is it?	**En quelle année sommes-nous?**
It's the year 2003.	(Nous sommes) en deux mil trois.
What time do we begin?	**À quelle heure commençons-nous?**
We begin at 10:30 sharp.	Nous commençons à dix heures trente précises.
The meeting will start at . . .	**La réunion commencera à . . .**

The meeting will end at . . .	La réunion se terminera à . . .
It's break time.	**C'est la pause.**
We will have a coffee break at . . .	Nous ferons une pause café à . . .
Lunch will be served at . . .	Le déjeuner sera servi à . . .
Lunch will last . . .	Le déjeuner durera . . .
I'm early./It's early.	**Je suis en avance./Il est tôt.**
I'm on time./It's on time.	**Je suis à l'heure./**C'est à l'heure.
I'm late./It's late.	Je suis en retard./C'est tard.
I'm too late./It's too late.	**Je suis arrivé trop tard./**C'est trop tard.
Is this clock right?	**Est-ce que cette horloge est à l'heure?**
It's running slow/fast.	Elle retarde/avance.
It's five minutes slow/fast.	Elle retarde/avance de cinq minutes.
When will it start?	**Quand est-ce que cela commencera?**
In . . .	**Dans . . .**
about two minutes.	**environ deux minutes.**
five minutes.	cinq minutes.
one hour.	une heure.
a half hour.	une demi-heure.
a quarter hour.	un quart d'heure.
an hour and a half.	une heure et demie.
Tomorrow/the day after tomorrow/in three days.	Demain/après-demain/dans trois jours.
Next week/month/year.	La semaine prochaine/le mois prochain/l'année prochaine.
Soon.	Bientôt.
When did it happen?	**Quand est-que c'est arrivé?**
Five minutes ago.	**Il y a cinq minutes.**
A half hour ago.	Il y a une demi-heure.
An hour ago.	Il y a une heure.
Yesterday/the day before yesterday.	Hier./Avant-hier.

Last month/year.	Le mois dernier./L'année dernière.
Hours/days/months/ years ago.	Il y a plusieurs heures/jours/mois/années.
In the middle of the night/day.	Au milieu de la nuit/journée.
Recently.	Récemment.
A long time ago.	Il a y longtemps.
How long did it last?	**Combien cela a-t-il duré?**
(Very) long.	(Très) longtemps.
(Very) short.	(Très) peu de temps.
A half hour.	**Une demi-heure.**
An hour.	Une heure.
For hours.	Des heures.
All day long.	Toute la journée.
All night long.	Toute la nuit.
All month.	Tout le mois.

Here are more ways of expressing and asking for the specific time:

It is . . .	**Il est . . .**
one o'clock.	**une heure.**
1 a.m.	une heure du matin.
1 p.m.	une heure de l'après-midi.
1:15	**une heure et quart.**
1:30/half past one.	une heure trente/une heure et demie.
1:45/quarter to two.	une heure quarante-cinq/ deux heures moins le quart.
1:10/ten minutes after one.	une heure dix.
1:50/ten to two.	une heure cinquante/deux heures moins dix.
What time of day is it?	**C'est quel moment de la journée?**

It's . . .	C'est . . .
dawn.	l'aube. (f.)
early morning.	**le matin tôt.**
morning.	la matinée.
mid-morning.	le milieu de la matinée.
late morning.	la fin de la matinée.
noon.	**Il est midi.**
early afternoon.	le début de l'après-midi.
mid-afternoon.	le milieu de l'après-midi.
late afternoon.	la fin de l'après-midi.
dusk.	le crépuscule.
early evening.	le début de la soirée.
evening.	le soir.
late evening.	la fin de la soirée.
midnight.	**Il est minuit.**

DAYS OF THE WEEK

What day of the week is it?	Quel est le jour de la semaine?
It's . . .	C'est . . .
Monday.	**lundi.**
Tuesday.	**mardi.**
Wednesday.	**mercredi.**
Thursday.	**jeudi.**
Friday.	**vendredi.**
Saturday.	**samedi.**
Sunday.	**dimanche.**
Weekday	un jour ouvrable/**un jour de la semaine**
Weeknight	un soir ouvrable/**un soir de la semaine**
Weekend	le week-end/**la fin de la semaine**
Yesterday	**hier**
The day before yesterday	**avant-hier**
Today	**aujourd'hui**
Tomorrow	**demain**
The day after tomorrow	**après-demain**

Last week	la semaine dernière
This week	cette semaine
Next week	la semaine prochaine
On Tuesday	mardi
Next Thursday	jeudi prochain
When does it take place?	**Quand cela a-t-il lieu?**
Each Tuesday.	**Chaque mardi.**
Once/twice/three times a week/month/year.	**Une fois**/deux fois/trois fois **par** semaine/**mois**/an.

MONTHS OF THE YEAR

What month is it?	**Quel mois sommes-nous?**
It's . . .	**Nous sommes en . . .**
January.	janvier.
February.	février.
March.	mars.
April.	avril.
May.	mai.
June.	juin.
July.	juillet.
August.	août.
September.	septembre.
October.	octobre.
November.	novembre.
December.	décembre.
Last month	le mois dernier
This month	ce mois-ci
Next month	le mois prochain
Two months ago	il y a deux mois
In a month	dans un mois

SEASONS OF THE YEAR

What season is it?	**En quelle saison sommes-nous?**
It's . . .	**C'est . . .**
spring.	le printemps.
summer.	l'été. (*m.*)

fall.	l'automne. (*m.*)
winter.	l'hiver. (*m.*)
Last year	l'année passée/dernière (*f.*)
This year	cette année
Next year	l'année prochaine
Two years ago	**il y a deux ans**
In two years	**dans deux ans**

ORDINAL NUMBERS

What position is it?	**En quelle position est-il/elle?**
First (1st)	**premier/**première (1èr(e))
Second (2nd)	**deuxième** (2ème)
Third (3rd)	**troisième** (3ème)
Fourth (4th)	**quatrième** (4ème)
Fifth (5th)	**cinquième** (5ème)
Sixth (6th)	**sixième** (6ème)
Seventh (7th)	**septième** (7ème)
Eighth (8th)	**huitième** (8ème)
Ninth (9th)	**neuvième** (9ème)
Tenth (10th)	**dixième** (10ème)
Twentieth (20th)	**vingtième** (20ème)

CARDINAL NUMBERS

0	**zéro**
1	**un**
2	**deux**
3	**trois**
4	**quatre**
5	**cinq**
6	**six**
7	**sept**
8	**huit**
9	**neuf**
10	**dix**
11	**onze**
12	**douze**
13	**treize**

14	quatorze
15	quinze
16	seize
17	dix-sept
18	dix-huit
19	dix-neuf
20	vingt
21	vingt et un
22	vingt-deux
23	vingt-trois
24	vingt-quatre
25	vingt-cinq
26	vingt-six
27	vingt-sept
28	vingt-huit
29	vingt-neuf
30	trente
40	quarante
50	cinquante
60	soixante
70	soixante-dix
	septante (in Belgium and Switzerland)
80	quatre-vingts
	quatre-vingts/huitante (in Switzerland)
90	quatre-vingt-dix
	nonante (in Belgium and Switzerland)
100	cent
200	deux cents
210	deux cent dix
1,000	mille
10,000	dix mille
100,000	cent mille
1,000,000	un million
1,000,000,000	un milliard

1/2	un demi
1/3	un tiers
1/4	un quart
1/5	un cinquième
1/10	un dixième
1/100	un centième
0.1	zéro virgule un (0,1)
0.2	zéro virgule deux (0,2)
0.5	zéro virgule cinq (0,5)
0.25	zéro virgule vingt-cinq (0,25)
0.75	zéro virgule soixante-quinze (0,75)
	zéro virgule septante-cinq (in Belgium and Switzerland)

Notice the point and comma have opposite meanings when used with numbers in France and in the United States. In France a comma is used to separate decimals from whole numbers, e.g., 0,75 is zero point seventy-five. A point is used to separate thousands, e.g., 1.000 is one thousand.

BASIC MATHEMATICAL TERMS

Absolute value	la valeur absolue
Acute angle	l'angle aigu (*m.*)
Add (to)	ajouter/additionner
Addition	l'addition (*f.*)
Algebra	l'algèbre (*f.*)
Algorithm	l'algorithme (*m.*)
Amortize (to)	amortir
Angle	l'angle (*m.*)
Approximation	l'approximation (*m.*)
Area	la surface
Asymptote	l'asymptote (*f.*)
Average	la moyenne
Axis (horizontal/vertical)	l'axe (horizontal/vertical) (*m.*)
Bell-shaped curve	la courbe en cloche

Binary	binaire
Bimodal distribution	la distribution bimodale
Binomial	binomial(e)
Boolean algebra	l'algèbre booléenne/de Bool (f.)
Breakeven analysis	l'analyse du seuil de rentabilité (f.)
Calculate (to)	calculer
Calculator	la calculatrice/la calculette/ la machine à calculer
Calculus	le calcul
Cardinal number	le nombre cardinal
Chaos theory	la théorie du chaos
Chi square test	le test chi carré
Circumference	la circonférence
Coefficient	le coefficient
Compound interest	l'intérêt composé (m.)
Concave	concave
Cone	le cone
Congruent	congru(e) (math)/isométrique (geometry)
Constant	la constante/le facteur constant/constant(e) (adj.)*
Convex	convexe
Correlation	la correlation
Count (to)	compter
Cube	le cube
Cube root	la racine cubique
Cylinder	le cylindre
Decimal	décimal(e)
Delta	delta
Denominator	le dénominateur
Dependent variable	la variable dépendante
Depth	la profondeur
Derivative	la dérivée
Diameter	le diamètre
Difference	la différence

---

* *Adj.* stands for adjective.

Differentiation	la différentiation
Digit	le chiffre
Dispersion	la dispersion
Divide (to)	diviser
Division	la division
Ellipsis	l'ellipse (*f.*)
Elliptical	elliptique
Equation	l'équation (*f.*)
Exponent	l'exposant (*m.*)
Factor	le facteur
Factorial	factoriel(le)
F distribution	la répartition en F
Formula	la formule
Fraction	la fraction
Future value	la valeur à terme
Geometric figure	la figure géométrique
Geometric progression	la suite/la progression géométrique
Geometric shape	la forme géométrique
Geometry	la géométrie
Height	la hauteur
Histogram	l'histogramme (*m.*)
Hyperbola	l'hyperbole (*f.*)
Hypotenuse	l'hypoténuse (*f.*)
Hypothesis	l'hypothèse (*f.*)
Imaginary number	le nombre imaginaire
Independent variable	la variable indépendante
Inequalities	les inégalités (*f.pl.*)
Infinity	l'infini (*m.*)
Inflection point	le point d'inflexion
Integer	le nombre entier
Integral	l'intégrale (*f.*)/intégral(e) (*adj.*)
Integration	l'intégration (*f.*)
Interest	l'intérêt (*m.*)
Interval	l'intervalle (*m.*)
Inverse	inverse
Irrational number	nombre irrationnel

Length	la longueur
Linear	linéaire
Linear programming	la programmation linéaire
Logarithm	le logarithme
Matrix	la matrice
Mean	la moyenne
Median (value)	la (valeur) moyen(ne)
Multiple	le multiple
Multiplication	la multiplication
Multiply (to)	multiplier
Net present value	la valeur actuelle nette (VAN)
Nominal	nominal(e)
Null hypothesis	l'hypothèse nulle (*f.*)
Numerator	le numérateur
Obtuse angle	l'angle obtus (*m.*)
Octagon	l'octogone (*m.*)
Optimization	l'optimisation (*f.*)
Ordinal number	le nombre ordinal
Origin	l'origine (*f.*)
Outline	le contour
Parabola	la parabole
Parallel	la parallèle/parallèle (*adj.*)
Parallelogram	le parallélogramme
Parameter	le paramètre
Pascal's triangle	le triangle de Pascal
Pentagon	le pentagone
Percent	pour cent
Percentage	le pourcentage
Perpendicular	la verticale/perpendiculaire (*adj.*)
Pi	pi
Plain	net(te)/clair(e)/simple
Polygon	le polygone
Polynomial	le polynôme/polynomial(e) (*adj.*)
Power	la puissance
Present value	la valeur actuelle
Prism	le prisme

Probability	la probabilité
Proportion	la proportion
Pyramid	la pyramide
Quadratic equation	l'équation du second degré/quadratique (*f.*)
Quotient	le quotient
Radical sign	le signe/le symbole radical
Radius	le rayon
Random	au hasard
Random number	le nombre (pris) au hasard
Range	l'étendue (*f.*)/la distance/la gamme
Ratio	le rapport
Rational number	le nombre rationnel
Real	réel(le)
Reciprocal	réciproque
Rectangular	rectangulaire
Regression line	la ligne de régression
Rhomboid	rhomboidal(e)
Rhombus	le losange
Right angle	l'angle droit (*m.*)
R-squared	R au carré (*m.*)
Sample	l'échantillon (*m.*)
Scientific notation	la notation scientifique
Sigma	sigma
Significance	la signification/l'importance (*f.*)
Six sigma	les six sigma (*m.pl.*)/les six déviations standard (*f.pl.*)
Skewed distribution	la distribution oblique
Sphere	la sphère
Square	le carré
Square of a number	le carré d'un nombre
Square root	la racine carrée
Standard deviation	la déviation standard
Statistics	la statistique/les statistiques (facts)
Student's t-test	la distribution statistique en T

Subtract (to)	soustraire
Subtraction	la soustraction
Sum	la somme/le total/le calcul (arithmétique)
Tri-dimensional	tri-dimensionnel(le)
T-test	le test de distribution statistique en T
Variable	la variable/variable (*adj.*)
Vector	le vecteur
Volume	le volume
Weight	le poids
Weighted average	la moyenne pondérée
Width	la largeur
Zero	le zéro/zéro (*adj.*)

ACRONYMS AND ABBREVIATIONS

The left column consists of common American acronyms and abbreviations, with their respective full forms. The French translation or an equivalent is given in the right column.

AAA American Automobile Association	l'Association américaine des automobilistes
AD Anno Domini	après J. C. (av. J. C.)
AD&D Accidental Death and Dismemberment	mort accidentelle et démembrement
ADP Automated Data Processing	traitement automatique de l'information
aka also known as	alias
AMEX American Stock Exchange	American Stock Exchange/La Bourse américaine
APR Annual Percentage Rate	taux d'intérêt annuel
ASAP as soon as possible	dès que possible
ATM Automated Teller Machine	guichet automatique
BC Before Christ	avant J. C. (av. J. C.)

BLS Bureau of Labor Statistics — Bureau des statistiques sur le travail

bps bits per second — bits par seconde

ca circa — environ (env.)

CAP Common Agricultural Policy — Politique agricole commune

CD Compact disc — disque compact

CD-ROM Compact disc, read-only memory — CD-ROM, disque compact mémoire morte

CEO Chief Executive Officer — Président directeur général (PDG)

CERN *Conseil Européen pour la Recherche Nucléaire* (European Organization for Nuclear Research) — CERN (same)

CFO Chief Financial Officer — Directeur des opérations financières

CIS Commonwealth of Independent States — CEI Communauté des états indépendants

CISC Complex Instruction Set Computer — CISC (same)

c/o care of — chez/à l'attention de

COBOL Common Business Oriented Language — COBOL (same)

COD Cash on Delivery or Collect On Delivery — envoi contre remboursement

COLA Cost-of-Living Allowance — indexation des salaires

COO Chief operating officer — Directeur des opérations

CPA Certified Public Accountant — expert-comptable agrée(e)

CPI Consumer Price Index — indice des prix à la consommation

cpi characters per inch — caractères par pouce

CPM Cost per thousand — coût par millier

cps characters per second — caractères par seconde

CPU Central Processing Unit	unité centrale
CRT Cathode Ray Tube	tube cathodique
DMV Department of Motor Vehicles	Département des véhicules à moteur
DOS Disk Operating System	DOS système d'exploitation à disques
DP Data processing	traitement des données/ service informatique
DSL Digital Subscriber Line	ligne digitale
DTP Desktop publishing	PAO publication assistée par ordinateur
EAFE Europe, Australia, Far East	Europe, Australie, Extrême-Orient
EEC European Economic Community	CEE Communauté économique européenne
EFT Electronic Funds Transfer	transfert électronique de fonds
EIB Export-Import Bank	Banque d'import-export
EIB European Investment Bank	BEI Banque Européenne d'investissement
EMU European Economic and Monetary Union	Union monétaire européenne
Error 404 (file not found)	erreur 404 (fichier non trouvé)
etc. et cetera	etc. et cetera
EU European Union	UE Union européenne
FAQ Frequently Asked Questions	Questions posées fréquemment (Foire Aux Questions)
FAS Free Alongside Ship	Franco long du bord
Fax Facsimile transmission	par facsimile
FDA Food and Drug Administration	FDA Organisme gouvernemental de contrôle pharmaceutique et alimentaire

Fed Federal Reserve System/Federal Reserve Board	Federal Reserve Board système bancaire aux États-Unis contrôlant les 12 banques régionales
FIFO First In, First Out	FIFO First In, First Out
FMV Fair Market Value	valeur marchande appropriée
FOB Free On Board	FAB franco à bord (UK)/ franco à destination (US)
FORTRAN Formula translation	FORTRAN (same)
FTP File Transfer Protocol	protocole de transfert de fichiers
FV Future value	valeur à terme
FYI For Your Information	pour votre information
G or GB gigabyte	GB gigaoctet
GATT General Agreement on Tariffs and Trade	GATT (same)
GDP Gross Domestic Product	PIB Produit intérieur brut
GNP Gross National Product	PNB Produit national brut
GTC Good till canceled	valable jusqu'à résiliation
GUI Graphical User Interface	interface d'utilisation graphique
HDTV High Definition Television	télévision à haute définition
HMO Health Maintenance Organization	HMO/Mutuelle
HP Horsepower	CV cheval-vapeur/puissance
HR Human Resources	Ressources humaines
HTML Hypertext Markup Language	HTML (same)
HTTP Hypertext Transport Protocol	HTTP (same)
Hz Hertz	Hz Hertz
IMF International Monetary Fund	FMI Fonds monétaire international
Inc. Incorporated	SA Société anonyme

incl. Inclusive	inclus
I/O Input-Output	Entrée-sortie (*computers*)/ Echanges industriels (*economics*)
IP Internet Protocol	Protocole internet
IRC Internet Relay Chat	Relais internet chat
IRR Internal Rate of Return	taux de progression/revenu interne
ISBN International Standard Book Number	ISBN (same)
ISDN Integrated Services Digital Network	RNIS Réseau numérique à intégration de services
ISSN International Standard Serial Number	Numéro de série standard international
ITC International Trade Commission	La Commission internationale sur le commerce
JIT Just-In-Time inventory or Just-In-Time manufacturing	Inventaire à flux tendus ou production en flux tendus
K or KB Kilobyte	KB kilo-octet
LAN Local Area Network	Réseau local
LCD Liquid Crystal Display	affichage à cristaux liquides
LED Light-Emitting Diode	LED diode électroluminescente
LIFO Last In, First Out	LIFO (same)
Ltd. Company with limited liability	SARL Société à responsabilité limitée
MB or Megs Megabyte	MB mégaoctet
MBO Management by Objectives	management par objectifs
MBO Management buyout	rachat d'entreprise par ses cadres
MFN Most-favored nation	pays préféré/favorisé
MHz Megahertz	MHz Megahertz
MICR Magnetic Ink Character Recognition	reconnaissance de caractères à encre magnétique
MIPS Million Instructions Per Second	millions d'instructions par seconde

197

MIS Management Information Systems

SIG Système Intégré de Gestion/Système d'information pour le management

MLM Multi-level marketing

marketing à plusieurs niveaux

NAFTA North American Free Trade Agreement

ALÉNA Accord de libre-échange nord-américain

NASA National Aeronautics and Space Administration

NASA (same)

NASD National Association of Securities Dealers

Association nationale des négociants en titres

NASDAQ National Association of Securities Dealers Automated Quotation

NASDAQ (same)

NAV Net asset value

valeur liquidative

NOI Net operating income

revenu net d'exploitation

NOL Net operating loss

perte nette d'exploitation

NPV Net present value

VAN valeur actuelle nette

ns nanosecond

ns nanoseconde

NYSE New York Stock Exchange

NYSE Bourse de New York

OCR Optical Character Recognition

reconnaissance optique des caractères

OECD Organization for Economic Cooperation and Development

OCDE Organisation de coopération et de développement économiques

OEM Original equipment manufacturer

fabricant (d'équipement) d'origine

OJT On-the-job training

formation sur le lieu de travail

OPEC Organization of Petroleum Exporting Countries

OPEP Organisation des pays exportateurs de pétrole

OPM Other people's money	argent d'autres personnes
P&L Profit-and-loss statement	état des pertes et profits
PC Personal Computer	PC/ordinateur personnel
PCS Personal communications services	services de communications personnels
PDA Personal Digital Assistant	organisateur personnel digital
P/E Price/Earnings ratio	coefficient de capitalisation des résultats
PERT Program Evaluation Review Technique	technique de revue d'évaluation de programme
PGIM Potential gross income multiplier	potentiel multiplicateur du revenu brut
PIN Personal Identification Number	code d'identification personnel (code confidentiel pour carte bancaire)
PMS Pantone Matching System	échelle de couleurs Pantone
POP Point-of-purchase display	exposition au point d'achat
PPP Purchasing power parity	parité du pouvoir d'achat
prefab Prefabricated house	maison préfabriqué
PV Present value	valeur actuelle
R&D Research and development	recherche et développement
RAM Random Access Memory	RAM (same)
Registered Association	Association agréée
RGB Red, green, and blue	rouge, vert et bleu
ROI Return on investment	rendement d'investissement
ROM Read-only memory	mémoire morte
SIG Special-interest group	groupe d'intérêt commun/groupe défendant des intérêts particuliers (*politics*)

SKU Stock-keeping unit	unité d'entreposage
SLIP Serial Line Internet Protocol	SLIP (same)
SMSA Standard Metropolitan Statistical Area	domaine de statistique urbaine standard
SOP Standard operating procedure	mode opérationnel standard
spec on speculation	à tout hasard
T or TB terabyte	TB terabyte
T&E Travel and entertainment expense	frais de déplacement et représentation
TIN Taxpayer Identification Number	numéro d'identification du contribuable
TQM Total Quality Management	contrôle global de qualité
UPC Universal Product Code	code barres
URL Uniform Resource Locator	URL (same)
VAT Value Added Tax	TVA taxe à la valeur ajoutée
VGA Video Graphic Array	panoplie d'images audiovisuelles
VP Vice President	VP Vice-président
WAIS Wide-Area Information Server	pourvoyeur d'information à grand réseau
WTO World Trade Organization	OMC Organization mondiale du commerce
YTD Year-to-date	année en cours

COUNTRIES, CONTINENTS, AND LANGUAGES

Countries

Argentina	l'Argentine (*f.*)
Australia	l'Australie (*f.*)
Bolivia	la Bolivie
Brazil	le Brésil

Canada	le Canada
Chile	le Chili
China	la Chine
Colombia	la Colombie
Costa Rica	le Costa Rica
Cuba	Cuba
Dominican Republic	la République Dominicaine
Ecuador	l'Équateur (*m.*)
Egypt	l'Egypte (*f.*)
El Salvador	le Salvador
England	l'Angleterre (*f.*)
Finland	la Finlande
France	la France
Germany	l'Allemagne (*f.*)
Great Britain	la Grande-Bretagne
Greece	la Grèce
Guatemala	le Guatemala
Haiti	la République d'Haïti
Holland	la Hollande
Honduras	le Honduras
Hungary	la Hongrie
Iceland	l'Islande (*f.*)
Iran	l'Iran
Iraq	l'Irak
Ireland	l'Irlande (*f.*)
Israel	l'Israel (*m.*)
Italy	l'Italie (*f.*)
Japan	le Japon
Malaysia	la Malaisie
Mexico	le Mexique
Morocco	le Maroc
Nicaragua	le Nicaragua
Norway	la Norvège
Panama	le Panama
Paraguay	le Paraguay
Peru	le Pérou
Poland	la Pologne
Portugal	le Portugal

Puerto Rico	Porto Rico
Romania	la Roumanie
Russia	la Russie
Saudi Arabia	l'Arabie Saoudite (f.)
South Africa	l'Afrique du Sud (f.)
Spain	l'Espagne (f.)
Sweden	la Suède
Switzerland	la Suisse
Taiwan	Taïwan
Thailand	la Thaïlande
Turkey	la Turquie
United Kingdom	le Royaume Uni
United States of America	les États-Unis (d'Amérique)
Uruguay	l'Uruguay (m.)
Venezuela	le Vénézuéla

Continents

Africa	l'Afrique (f.)
Antarctica	l'Antarctique (f.)
Asia	l'Asie (f.)
Australia	l'Australie (f.)
Europe	l'Europe (f.)
Oceania	l'Océanie (f.)
North America	l'Amérique du Nord (f.)
South America	l'Amérique du Sud (f.)

Languages

Arabic	l'arabe
Bengali	le bengali
Chinese (Cantonese)	le cantonais
Chinese (Mandarin)	le chinois
English	l'anglais (m.)
Finnish	le finnois
French	le français
Greek	le grec
German	l'allemand (m.)
Hebrew	l'hébreu (m.)

Hindi	le hindi
Hungarian	le hongrois
Italian	l'italien (*m.*)
Japanese	le japonais
Korean	le coréen
Malay	le malais
Polish	le polonais
Portuguese	le portugais
Russian	le russe
Spanish	l'espagnol (*m.*)
Swedish	le suédois
Thai	le thaï
Turkish	le turc
Ukrainian	l'ukrainien (*m.*)

Countries, Continents, and Languages

APPENDIX A: Measurements

Miles / Kilometers

1 kilometer (km) = 0.62 mile   1 mile = 1.61 km

Kilometers	1	5	10	15	20	50	75	100	150
Miles	0.62	3.1	6.2	9.3	12.4	31	46.5	62	93

Gallons / Liters

1 liter (l) = 0.26 gallon   1 gallon = 3.75 liters

Liters	10	15	20	30	40	50	60	70
Gallons	2.6	3.9	5.2	7.8	10.4	13	15.6	18.2

Weight

Metric

U.S.

1 gram (g) = 0.035 ounce
100 grams = 3.5 ounces
1 kilogram (kilo) = 2.2 pounds

1 ounce = 28.35 grams
1 pound = 454 grams
100 pounds = 45.4 kilos

Liquid

Metric

U.S.

1 liter (l) = 4.226 cups
1 l = 2.113 pints
1 l = 1.056 quarts
1 l = 0.264 gallon

1 cup = 0.236 liter
1 pint = 0.473 liter
1 quart = 0.947 liter
1 gallon = 3.785 liter

Temperature

To convert
Celsius to Fahrenheit

To convert
Fahrenheit to Celsius

(9/5) C° + 32 = F°
1. Divide by 5
2. Multiply by 9
3. Add 32

(F° − 32) 5 / 9 = C°
1. Subtract 32
2. Divide by 9
3. Multiply by 5

Celsius	- 17.8	0	10	15.6	23.9	30	37	100
Fahrenheit	0	32	50	60	75	86	98.6	212

Women's Clothing Sizes

Coats, dresses, suits, skirts, slacks

U.S.	4	6	8	10	12	14	16
Europe	36	38	40	42	44	46	48

Blouses, sweaters

U.S.	32 / 6	34 / 8	36 / 10	38 / 12	40 / 14	42 / 16
Europe	38 / 2	40 / 3	42 / 4	44 / 5	46 / 6	48 / 7

Shoes

U.S.	4	4½	5	5½	6	6½	7	7½	8	8½	9	9½	10	11
Europe	35	35	36	36	37	37	38	38	39	39	40	40	41	42

Men's Clothing Sizes

Suits, coats

U.S.	34	36	38	40	42	44	46	48
Europe	44	46	48	50	52	54	56	58

Slacks

U.S.	30	31	32	33	34	35	36	37	38	39
Europe	38	39-40	41	42	43	44-45	46	47	48-49	50

Shirts

U.S.	14	14½	15	15½	16	16½	17	17½	18
Europe	36	37	38	39	40	41	42	43	44

Sweaters

U.S.	XS / 36	S / 38	M / 40	L / 42	XL / 44
Europe	42 / 2	44 / 3	46-48 / 4	50 / 5	52-54 / 6

Shoes

U.S.	7	7½	8	8½	9	9½	10	10½	11
Europe	39	40	41	42	43	43	44	44	45

APPENDIX B:
Useful Addresses, Telephone Numbers, and Web Sites

Emergency Telephone Numbers

	France	*Switzerland*	*Belgium*	*Canada*
Ambulance	15	144	112	911
Fire	18	118	100	911
Police	17	117	101	911
Information	12	111	1204	0

The general number in operation in European countries for emergencies (fire/police/medical) is 112. In Switzerland, there is also a road rescue number: 140.

Country Codes

France	33 (plus city code)
Switzerland	41 (plus city code)
Belgium	32 (plus city code)
Canada	1 (plus city code)

Do not dial the 0 that precedes the city code if you dial from outside the country.

Embassies/Consulates

French Consulates/Embassies in the United States

Ambassade de France
4101 Reservoir Road, NW
Washington, DC 20007–2185
Tel.: (202) 944–6000
Consular Services
Tel.: (202) 944–6195

Fax: (202) 944–6148; (202) 944–6212
(visas)

Consulat Général de France
31 St. James Avenue
Park Square Building
Suite 750
Boston, MA 02116
Tel.: (617) 542–7374
Fax: (617) 542–8054

Consulat Général de France
934 Fifth Avenue
New York, NY 10021
Tel.: (212) 606–3689
Visa service:
10 East 74th Street
New York, NY 10021
Fax: (212) 606–3670 (visas);
(212) 606–3614 (registration)

Consulat Général de France
737 North Michigan Avenue
Suite 2020
Chicago, IL 60611
Tel.: (312) 787–5359
Fax: (312) 664–4196

Consulat Général de France
Prominence in Buckhead
Suite 1840
3475 Piedmont Road, NE
Atlanta, GA 30305
Tel.: (404) 495–1660
Fax: (404) 495–1661

Consulat Général de France
One Biscayne Tower
17th Floor

South Biscayne Boulevard
Miami, FL 33131
Tel.: (305) 372–9799
Visas: (305) 372–9798
Fax: (305) 372–9549

Consulat Général de France
1340 Poydras Street
Suite 1710
New Orleans, LA 70112
Tel.: (504) 523–5772 / 523–5394
Fax: (504) 523–5725

Consulat Général de France
777 Post Oak Blvd
Suite 600
Houston, TX 77056
Tel.: (713) 572–2799
Fax: (713) 572–2911

Consulat Général de France
10990 Wilshire Boulevard
Suite 300
Los Angeles, CA 90024
Tel.: (310) 235–3200
Fax: (310) 312–0704

Consulat Général de France
540 Bush Street
San Francisco, CA 94108
Tel.: (415) 397–4330
Fax: (415) 433–8357

Swiss Consulates/Embassies in the United States

Embassy of Switzerland
2900 Cathedral Ave, NW
Washington, D.C. 20008

Tel.: (202) 745–7900
Fax: (202) 387–2564

Consulate General
of Switzerland

11766 Wilshire Blvd., Suite 1400
Los Angeles, CA 90025
Tel.: (310) 575–1145
Fax: (310) 575–1982
E-mail: vertretung@los.rep.admin.ch

Consulate General
of Switzerland

633 Third Avenue, 30th Floor
New York, NY 10017–6706
Tel.: (212) 599–5700 or (888) 847–4266
Fax: (212) 599–4266
E-mail: Consular Affairs:
vertretung@nyc.rep.admin.ch
Commerce:
trade@nyc.rep.admin.ch

Consulate General
of Switzerland

1000 Louisiana, Suite 5670
Houston, TX 77002
Tel.: (713) 650–0000
Fax: (713) 650–1321
E-mail: vertretung@hou.rep.admin.ch

Consulate General
of Switzerland

1275 Peachtree Street N.E., Suite 425
Atlanta, GA 30309–3555
Tel.: (404) 870–2000
Fax: (404) 870–2011
E-mail: vertretung@atl.rep.admin.ch

Consulate General of Switzerland

Olympia Center, Suite 2301
737 North Michigan Avenue
Chicago, IL 60611
Tel.: (312) 915–0061
Fax: (312) 915–0388
E-mail: Consular Affairs:
   vertretung@chi.rep.admin.ch
   Commerce:
   trade@chi.rep.admin.ch

Consulate General of Switzerland

456 Montgomery Street, Suite 1500
San Francisco, CA 94104–1233
Tel.: (415) 788–2272
Fax: (415) 788–1402
E-mail: vertretung@sfr.rep.admin.ch

Belgian Consulates/Embassies in the United States

Embassy of Belgium

3330 Garfield Street NW
Washington, D.C. 20008
Tel.: (202) 333–6900
Fax: (202) 333–3079
E-mail: rudi.veestraeten@diplobel.be
www.diplobel.org/usa

Consulate of Belgium

1330 Avenue of the Americas, 26th Floor
New York, NY 10019–5422
Tel.: (212) 586–5110
Fax: (212) 582–9657
E-mail: NewYork@diplobel.be

Consulate of Belgium
230 Peachtree Street, NW
Suite 2710
Atlanta, GA 30303
Tel.: (404) 659–2150
Fax: (404) 659–8474
E-mail: Atlanta@diplobel.be

Consulate of Belgium
6100 Wilshire Blvd., Suite 1200
Los Angeles, CA 90048
Tel.: (323) 857–1244
Fax: (323) 936–2564
E-mail: LosAngeles@diplobel.be

Consulate of Belgium
333 North Michigan Avenue
Chicago, IL 60601
Tel.: (312) 263–6624
Fax: (312) 263–4805
E-mail: Chicago@diplobel.be

Canadian Consulates/Embassies in the United States

Embassy of Canada
501 Pennsylvania Avenue, N.W.
Washington, D.C. 20001–2114
Tel.: (202) 682–1740
Fax: (202) 682–7619
E-mail: wshdc-outpack
        @dfait-maeci.gc.ca

Consulate General of Canada
1175 Peachtree Street
100 Colony Square
Suite 1700
Atlanta, GA 30361–6205

Tel.: (404) 532–2000
Fax: (404) 532–2050
E-mail: atnta-td@dfait-maeci.gc.ca

Consulate General of Canada
Three Copley Place, Suite 400
Boston, MA 02116
Tel.: (617) 262–3760
Fax: (617) 262–3415
E-mail: boston.mail@dfait-maeci.gc.ca

Consulate General of Canada
HSBC Center, Suite 3000
Buffalo, NY 14203–2884
Tel.: (716) 858–9500
Fax: (716) 858–9562
E-mail: bfalo-td@dfait-maeci.gc.ca

Consulate General of Canada
Two Prudential Plaza
180 North Stetson Avenue, Suite 2400
Chicago, IL 60601
Tel.: (312) 616–1860
Fax: (312) 616–1878
E-mail: chcgo-td@dfait-maeci.gc.ca

Consulate General of Canada
750 North St. Paul Street, Suite 1700
Dallas, TX 75201
Tel.: (214) 922–9806
Fax: (214) 922–9815
E-mail: dalas-td@dfait-maeci.gc.ca

Consulate General of Canada
600 Renaissance Center, Suite 1100
Detroit, MI 48243–1798
Tel.: (313) 567–2340
Fax: (313) 567–2164
E-mail: dtrot-td@dfait-maeci.gc.ca

Consulate General of Canada
550 South Hope Street, 9th Floor
Los Angeles, CA 90071–2627
Tel.: (213) 346–2700
Fax: (213) 346–2767
E-mail: lngls-td@dfait-maeci.gc.ca

Consulate of Canada
Suite 1600, First Union Financial Center
200 South Biscayne Blvd.
Miami, FL 33131
Tel.: (305) 579–1600
Fax: (305) 374–6774
E-mail: miami-td@dfait-maeci.gc.ca

Consulate General of Canada
701 Fourth Avenue South, Suite 901
Minneapolis, MN 55415–1899
Tel.: (612) 332–7486
Fax: (612) 332–4061
E-mail: mnpls-td@dfait-maeci.gc.ca

Consulate General of Canada
1251 Avenue of the Americas
New York, NY 10020–1175
Tel.: (212) 596–1628
Fax: (212) 596–1793
E-mail: cngny-td@dfait-maeci.gc.ca

Canadian Consulate Trade Office
555 Montgomery Street, Suite 1288
San Francisco, CA 94111
Tel.: (415) 834–3180
Fax: (415) 834–3189

Department of Foreign Affairs and International Trade

333 West San Carlos Street, Suite 945
San Jose, CA 95110
Tel.: (408) 289– (TK)
Fax: (408) 289–1168
E-mail: sfran@dfait-maeci.gc.ca

Consulate General of Canada

412 Plaza 600 Building
Sixth Avenue and Stewart Street
Seattle, WA 98101–1286
Tel.: (206) 443–1777
Fax: (206) 443–9735
E-mail: seatl-td@dfait-maeci.gc.ca

American Embassies/Consulates in France

Ambassade des États-Unis

2, Avenue Gabriel
75008 Paris
Tel.: (01) 43 12 22 22
    (01) 43 12 48 40 American Services
Services Consulaires
2, rue St. Florentin
75382 Paris
Cedex 08

Consulat Général des États-Unis

Place Varian Fry
13286 Marseille
Cedex 6
Tel.: (04) 91 54 92 00
Fax: (04) 91 55 09 47

Consulat des États-Unis
7, Avenue Gustave V
06000 Nice
Tel.: (04) 93 88 89 55

Consulat des États-Unis
15, Av. d'Alsace
67082 Strasbourg
Tel.: (03) 88 35 31 04
Fax: (03) 88 24 06 95

In Switzerland

Embassy of the United States
Jubiläumstrasse 93
3001 Bern
Tel.: (031) 357–7011
24–hour Emergency Number: (031) 357–7218
Fax: (031) 357–7344

In Belgium

Ambassade des Etats-Unis
Blvd. du Régent 27
1000 Bruxelles
Tel.: (02) 508.21.11
Fax: (02) 511.27.25

In Canada

General information on American Citizen Services is available toll-free from the United States or Canada on the American Citizen Services Consular Information Telephone Service at 1–800–529–4410.

Consular Section, U.S. Embassy
490 Sussex Drive
PO Box 866, Station B
Ottawa, Ontario K1P 5T1

Consulate General Calgary
615 Macleod Trail S.E., Room 1000
Calgary, Alberta T2G 4T8

Consulate General Halifax
Suite 910 Cogswell Tower, Scotia Square
2000 Barrington Street
Halifax, Nova Scotia B3J 3K1

Consulate General Montréal
1155 St. Alexander Street
Montréal, Québec H2Z 1Z2
Mailing address: Post Office Box 65,
Postal Station Desjardins
Montréal, Québec H5B 1G1

Consulate General Québec
2 Place Terrasse Dufferin
B.P. 939
Québec, Québec G1R 4T9

Consulate General Toronto
360 University Avenue
Toronto, Ontario M5G 1S4

Consulate General Vancouver
1075 West Pender Street, Mezzanine
Vancouver, B.C. V6E 2M6

CHAMBERS OF COMMERCE

For France

French-American Chamber of Commerce
1350 Avenue of the Americas
New York, NY 10019
Tel.: (212) 765–4460

French-American Chamber of Commerce
2000 Market Street, 7th Floor
Philadelphia, PA 19103
Tel.: (215) 419–5559

French-American Chamber of Commerce
1600 K Street NW, Suite 406
Washington, D.C. 20006
Tel.: (202) 775–0256

For Switzerland

Swiss-American Chamber of Commerce
608 Fifth Avenue, Suite 309
New York, NY 10020
Tel.: (212) 246–7789
E-mail: swissny@mindspring.com

Swiss-American Chamber of Commerce
P.O. Box 26007
San Francisco, CA 04126
Tel.: (415) 433–6601

For Belgium

Belgian-American Chamber of Commerce in the United States
1330 Avenue of the Americas
New York, NY 10019
Tel.: (212) 969–9940

Belgian American Chamber of Commerce in the United States
575 Madison Avenue
New York, NY 10022
Tel.: (212) 319–7080

MAJOR AIRLINES

All telephone numbers in the United States, and most of the numbers abroad, are toll-free and provide flight information as well as flight reservations.

In the United States	Air France	(800) 237–2747
	Swiss	(877) 359–7947
	Sabena	(800) 955–2000
	Air Canada	(800) 247–2262/ (888) 247–2262
	TWA/American Airlines	(800) 433–7300
	Delta	(800) 221–1212
	US Airways	(800) 428–4322
	Continental	(800) 231–0856
In France	Air France	0820 82 08 20
	Swiss	0802 30 04 00
	Air Canada	0825 88 08 81
	TWA/American Airlines	0801 87 28 72
	Delta	0800 35 40 80
	US Airways	0810 63 22 22
	Continental	0142 99 09 09

In Switzerland	Air France	(022) 827–8787/
		(022) 717–8970
	Swiss	0848 80 07 00
	Air Canada	0848 80 04 24/
		(022) 731–4980
	TWA/American Airlines	(1) 265–1500
		(2) G (01) 654–5256
		(3) F (01) 654–5257
		(4) I (01) 654–5258
	Delta	0800 55 20 36
	US Airways	0844 80 52 13
	Continental	(022) 417–7280
In Belgium	Air France	(03) 213–5101
	Swiss	(02) 723–2313
	Sabena/DAT	(070) 35 11 11
	Air Canada (c/o Lufthansa)	(02) 627–4088
	TWA/American Airlines	(02) 714–4916/
		(800) 961–56
	Delta	(02) 711–9799
	US Airways	(07) 815–0026
	Continental	(02) 643–3939
In Canada	Air France	(800) 667–2747
	Swiss	(800) 221–4750
	Air Canada	(888) 247–2262
	TWA/American Airlines	(800) 433–7300
		521–6488 Hamilton
		230–5588 Ottawa
	Delta	(800) 221–1212
	US Airways	(800) 428–4322
	Continental	(800) 525–0280

INTERESTING SITES ON
THE INTERNET

Major search engines for French, Swiss, Belgian and Canadian sites are Yahoo!, Fireball, AltaVista, HotBot, Lycos, Google, and Excite. The top-level domain for France is .fr, for Switzerland .ch, for Belgium .be, and for Canada .ca. Many large online services and portals have a mirror site, i.e., MSN (Microsoft Network).

The following Belgian search engines can provide various kinds of information: www.goldenpages.be, www.webwatch.be, www.infobel.be, www.in.be and www.belnet.be.

A list of industry sites in Switzerland is at www.branchenbuch.ch.

French Yellow Pages are found at www.pagesjaunes.fr

A list of all French universities can be found at www.education.gouv.fr/sup/univ.htm.

Translation services as well as many free specialty dictionaries can be accessed at www.provide.net/~kfulton/Dicts.html.

The official French government paper, *Le Journal Officiel*, can be found at www.journal-officiel.gouv.fr.

The list of all offices operating for the French government can be found at www.admifrance.gouv.fr.

Amazon.com has a French Website as well. So if you need a French book, DVD, or video, go to www.amazon.fr.

You will find a list of Internet providers in France at www.nic.fr/Prestataires/index.html.

A Canadian press review of new information technologies can be found at www.mmedium.com.

To check on weather, theaters, concerts, airline and train schedules, and any other events in major European cities, you may want to start with searchenginewatch.com/links/Regional_Search_Engines.

APPENDIX C:
National and
Religious Holidays

HOLIDAYS IN FRANCE

New Year's Day	January 1
Good Friday	varies by year
Easter Monday	varies by year
Labor Day	May 1
Victory Day (1945)	May 8
Ascension Day	varies by year
Pentecost	varies by year
Whitmonday	varies by year
National Day	July 14
Assumption Day	August 15
All Saints' Day	November 1
Armistice Day (1918)	November 11 (holiday is observed the following Monday)
Christmas	December 25
Boxing Day	December 26

HOLIDAYS IN SWITZERLAND

New Year's Day	January 1
January 2	January 2 (not all cantons)
Good Friday	varies by year
Easter Monday	varies by year
Ascension Day	varies by year
Whitmonday	varies by year
National Day	August 1
Christmas	December 25
Boxing Day	December 26

HOLIDAYS IN BELGIUM

New Year's Day	January 1
Easter Monday	varies by year

Labor Day	May 1
Ascension Day	varies by year
Pentecost	varies by year
Whitmonday	varies by year
Flemish Community Day	July 11
National Day	July 21
Assumption Day	August 15
French-speaking Community Day	September 27
All Saints' Day	November 1
Armistice Day (1918)	November 11
Dynasty Day (government offices only)	November 15
Christmas	December 25

HOLIDAYS IN CANADA

New Year's Day	January 1
Good Friday	varies by year
Easter Monday	varies by year
Queen's Day	third Monday in May
Ascension Day	varies by year
Pentecost	varies by year
Whitmonday	varies by year
Quebec National Day	June 24
National Day	July 1
Civic Day	August 6
Labor Day	first Monday in September
Thanksgiving	second Monday in October
Armistice Day (1918)	November 11
Christmas	December 25
Boxing Day	December 26

APPENDIX D:
French Grammar Summary

1. *SUBJECT PRONOUNS*

je	*I*
tu	*you (infml)*
il	*he, it*
elle	*she, it*
on	*one, we*
nous	*we*
vous	*you (fml/pl)*
ils	*they*
elles	*they (f)*

2. *STRESSED PRONOUNS*

moi	*me*
toi	*you (infml)*
lui	*him*
elle	*her*
nous	*us*
vous	*you (fml/pl)*
eux	*them*
elles	*them (f)*

3. *REFLEXIVE PRONOUNS*

me	*myself*
te	*yourself (infml)*
se	*him-/her-/it-/oneself*
nous	*ourselves*
vous	*yourself (fml), yourselves*
se	*themselves*

4. *DIRECT OBJECT PRONOUNS*

me	*me*
te	*you (infml)*
le	*him, it*
la	*her, it*
nous	*us*
vous	*you (fml/pl)*
les	*them*

5. *INDIRECT OBJECT PRONOUNS*

me	*to me*
te	*to you (infml)*
lui	*to him, to her, to it*
nous	*to us*
vous	*to you (fml/pl)*
leur	*to them*

6. *DOUBLE OBJECT PRONOUNS:*
GENERAL PLACEMENT GUIDELINES

FIRST	SECOND	THIRD
me		
te	le	lui
se	la	leur
nous	les	
vous		

7. *DEMONSTRATIVE PRONOUNS*
(THIS ONE/THESE: THAT ONE/THOSE)

	SINGULAR	PLURAL
MASCULINE	celui	ceux
FEMININE	celle	celles

8. DEMONSTRATIVE ADJECTIVES (THIS/THESE: THAT/THOSE)

	SINGULAR	PLURAL
MASCULINE	ce, cet	ces
FEMININE	cette	ces

9. PLURAL OF NOUNS: GENERAL GUIDELINES

SING. ENDING	PL. ENDING	SING. EXAMPLE	PL. EXAMPLE
Regular	-s	le livre	les livres
-s, -x, -z	no change	le choix	les choix
-al or -ail	-aux	le cheval	les chevaux
-au or -eu	-aux or -eux	l'oiseau	les oiseaux

10. POSSESSIVE PRONOUNS

	MASCULINE		FEMININE	
	SINGULAR	PLURAL	SINGULAR	PLURAL
mine	le mien	les miens	la mienne	les miennes
yours (infml)	le tien	les tiens	la tienne	les tiennes
his, hers, its	le sien	les siens	la sienne	les siennes
ours	le nôtre	les nôtres	la nôtre	les nôtres
yours (fml/pl)	le vôtre	les vôtres	la vôtre	les vôtres
theirs	le leur	les leurs	la leur	les leurs

11. POSSESSIVE ADJECTIVES

	MASCULINE	FEMININE	PLURAL
my	mon	ma	mes
your (infml)	ton	ta	tes
his, her, its	son	sa	ses
our	notre	notre	nos
your (fml/pl)	votre	votre	vos
their	leur	leur	leurs

12. ARTICLES

	DEFINITE	INDEFINITE
MASCULINE	le	un
FEMININE	la	une
MASC. OR FEM. (with vowel/silent h)	l'	un / une
PLURAL	les	des

13. PREPOSITIONS + DEFINITE ARTICLES

	+LE	+LA	+LES
de	du	de la	des
à	au	à la	aux

14. RELATIVE PRONOUNS (WHICH, THAT)

	SINGULAR	PLURAL
MASCULINE	lequel	lesquels
FEMININE	laquelle	lesquelles

15. PREPOSITIONS + RELATIVE PRONOUNS

PRONOUN	AFTER DE	AFTER À
lequel	duquel	auquel
laquelle	de laquelle	à laquelle
lesquels	desquels	auxquels
lesquelles	desquelles	auxquelles

16. INTERROGATIVE ADJECTIVES AND PRONOUNS (WHICH; WHICH ONE)

	SINGULAR	PLURAL
MASCULINE	quel	quels
FEMININE	quelle	quelles

17. IRREGULAR ADJECTIVES

	MASCULINE			FEMININE	
	SINGULAR	SINGULAR (BEFORE VOWEL)	PLURAL	SINGULAR	PLURAL
beautiful	beau	bel	beaux	belle	belles
new	nouveau	nouvel	nouveaux	nouvelle	nouvelles
old	vieux	vieil	vieux	vieille	vieilles

18. IRREGULAR COMPARATIVES AND SUPERLATIVES

POSITIVE	COMPARATIVE	SUPERLATIVE
bon	meilleur(e)	le/la meilleur(e)
good	*better*	*the best*
mauvais	plus mauvais(e)	le/la plus mauvais(e)
	pire (abstract)	le/la pire (abstract)
bad	*worse*	*the worst*
petit	plus petit(e)	le/la plus petit(e)
	moindre (abstract)	le/la moindre (abstract)
small	*smaller*	*the smallest*

19. FORMS OF THE REGULAR VERBS

INFINITIVE	PRES. & PAST PARTICIPLES	PRESENT INDICATIVE	PRESENT SUBJUNCTIVE	CONVERSATIONAL PAST	IMPERFECT INDICATIVE
-er ending *parler*	*parlant* *parlé*	*parl* + *e* *es* *e* *ons* *ez* *ent*	*parl* + *e* *es* *e* *ions* *iez* *ent*	*j'ai* + *parlé* *tu as* *il a* *nous avons* *vous avez* *ils ont*	*parl* + *ais* *ais* *ait* *ions* *iez* *aient*
-ir ending *finir*	*finissant* *fini*	*fin* + *is* *is* *it* *issons* *issez* *issent*	*finiss* + *e* *es* *e* *ions* *iez* *ent*	*j'ai* + *fini* *tu as* *il a* *nous avons* *vous avez* *ils ont*	*finiss* + *ais* *ais* *ait* *ions* *iez* *aient*
-re ending *vendre*	*vendant* *vendu*	*vend* + *s* *s* *—* *ons* *ez* *ent*	*vend* + *e* *es* *e* *ions* *iez* *ent*	*j'ai* + *vendu* *tu as* *il a* *nous avons* *vous avez* *ils ont*	*vend* + *ais* *ais* *ait* *ions* *iez* *aient*

PAST PERFECT	FUTURE	FUTURE PERFECT	CONDITIONAL	CONDITIONAL PERFECT	IMPERATIVE
j'avais + *parlé* *tu avais* *il avait* *nous avions* *vous aviez* *ils avaient*	*parler* + *ai* *as* *a* *ons* *ez* *ont*	*j'aurai* + *parlé* *tu auras* *il aura* *nous aurons* *vous aurez* *ils auront*	*parler* + *ais* *ais* *ait* *ions* *iez* *aient*	*j'aurais* + *parlé* *tu aurais* *il aurait* *nous aurions* *vous auriez* *ils auraient*	*parle* *parlons* *parlez*
j'avais + *fini* *tu avais* *il avait* *nous avions* *vous aviez* *ils avaient*	*finir* + *ai* *as* *a* *ons* *ez* *ont*	*j'aurai* + *fini* *tu auras* *il aura* *nous aurons* *vous aurez* *ils auront*	*finir* + *ais* *ais* *ait* *ions* *iez* *aient*	*j'aurais* + *fini* *tu aurais* *il aurait* *nous aurions* *vous auriez* *ils auraient*	*finis* *finissons* *finissez*
j'avais + *vendu* *tu avais* *il avait* *nous avions* *vous aviez* *ils avaient*	*vendr* + *ai* *as* *a* *ons* *ez* *ont*	*j'aurai* + *vendu* *tu auras* *il aura* *nous aurons* *vous aurez* *ils auront*	*vendr* + *ais* *ais* *ait* *ions* *iez* *aient*	*j'aurais* + *vendu* *tu aurais* *il aurait* *nous aurions* *vous auriez* *ils auraient*	*vends* *vendons* *vendez*

GLOSSARY OF
INDUSTRY-SPECIFIC TERMS

Here are various areas of commerce, government, and non-governmental activities. Each has its particular terminology, and we list some of the more common terms. The industries covered are*:

> **Advertising and
>   Public Relations**
> **Agriculture**
> **Architecture and Construction**
> **Automotive**
> **Banking and Finance**
> **Engineering**
> **Entertainment, Journalism,
>   and Media**
> **Fashion**
> **Government and
>   Government Agencies**
> **Insurance**
> **Management Consulting**
> **Mining and Petroleum**
> **Non-Governmental**
> **Perfume and Fragrance**
> **Pharmaceutical, Medical,
>   and Dental**
> **Publishing**
> **Real Estate**
> **Shipping and Distribution**
> **Telecommunications**

---

* See also Functional Areas of a Company in Chapter 5 for additional professional fields.

Textiles
Toys
Watches, Scales, and Precision
        Instruments
Wine

ADVERTISING AND
PUBLIC RELATIONS*

Account executive	le chef de publicité
Ad	la publicité
Ad agency	l'agence de publicité (*f.*)
Ad style	le style de publicité
Ad time	l'heure de publicité (*f.*)
Advertise (to)	faire de la publicité
Advertisement	la publicité
Advertising	la publicité
Advertising agency	l'agence publicitaire
Advertising budget	le budget publicitaire
Advertising campaign	la campagne publicitaire
Advertising message	le message publicitaire
Advertising papers	les journaux publicitaires (*m.pl.*)
Advertising space	l'espace publicitaire (*m.*)
Advertising strategy	la stratégie publicitaire
Advertising vehicle	le vehicule/support publicitaire
Air (to)/broadcast (to)	diffuser
Audience	l'audience (*f.*)
Baseline	la signature (advertg)
Block of commercials	la tranche de publicité
Brand-name promotion	la promotion d'une marque
Broadcast times	les heures de diffusion (*f.pl.*)

---

* The abbreviations used in the glossary are: *m.* for masculine, *f.* for feminine, *pl* for plural, *adj.* for adjective, *v. intr.* for intransitive verb, *v. tr.* for transitive verb, and *fig.* for figurative.

Brochure	la brochure
Campaign	la campagne
Catalog	le catalogue
Commercial	l'annonce publicitaire télévisée/radiophonique (f.)
Commodity	l'article
Competition	la compétition
Consumer research	l'étude du marché de consommation
Cooperative advertising	la publicité collective
Cost per thousand	le coût par millier
Coupon	le coupon
Cover	la couverture
Daily press	la presse quotidienne
Depth of coverage	l'étendue de la couverture (médiatique) (f.)
Direct marketing	le marketing direct
Early adopter	le consommateur précoce
Effectiveness	l'efficacité (f.)
Endorsement	l'approbation (f.)/ l'appui (m.)
Focus group	le groupe d'intérêt
Infomercial	l'information publicitaire (f.)
In-house	interne (adj.)
Insert	l'insertion (f.)/ l'encart (m.)
In-store campaign	la campagne (de publicité) sur le lieu de vente
Introductory campaign	la campagne de lancement
Jingle	le jingle/le refrain publicitaire
Layout	la présentation/la mise en page
Leaflet	le prospectus
Listenership	l'auditoire (m.)
Listening rate	le taux d'écoute
Logo	le logo
Mail/Letter campaign	la campagne par mailing
Market	le marché
Market (to)	commercialiser/vendre/lancer quelque chose sur le marché

235

Marketing	le marketing
Market research	l'étude de marché (f.)
Mass marketing	la commercialisation massive
Media	les medias (m.pl.)
Media agent	l'agent médiatique (m.)
Media plan	la planification médiatique
Merchandise	la marchandise
Merchandise (to)	assurer la promotion (de)
Merchandising	le marchandisage
Misleading advertising	la publicité trompeuse
Niche	le créneau (advertg)
Opener	l'ouverture
Packaging	le conditionnement
Periodical	le périodique/périodique (adj.)
Point-of-sale advertising	la publicité sur les lieux de vente
Positioning	le positionnement
Poster advertising	l'affiche publicitaire (f.)
Premium	le supplément
Presentation	la présentation
Press officer	l'attaché(e) de presse
Press release	le communiqué de presse
Prime time	les heures de grande écoute (f.pl.)
Product	le produit
Product information	les données (f.pl.)/ l'information (f.) sur un produit
Product life cycle	la durée de vie d'un produit
Professional publication	la publication professionnelle/ le journal spécialisé
Promote (to)	promouvoir
Promotion	la promotion
Public relations	les relations publiques (f.pl.)
Publicity	la publicité
Radio spot and TV ad	le spot publicitaire radio et TV

Readership	le lectorat
Sales	les ventes (*f.pl.*)
Sales promotion	la promotion des ventes
Sample	l'échantillon (*m.*)
Sample products	les échantillons promotionnels (*m.pl.*)
Selection	la sélection
Share	la part
Slogan	le slogan
Space	l'espace (*m.*)
Special offer	l'offre spéciale/promotionnelle (*f.*)
Sponsor	le sponsor/parrain
Sponsor (to)	sponsoriser/parrainer
Sponsorship	le parrainage/le sponsorat
Story board	la maquette préparatoire
Survey	le sondage
Target (to)	cibler
Target group	le groupe cible
Target market	le marché cible
Telemarketing	le marketing/démarchage par téléphone
Test market	le marché test
Trade show	le salon
Trial	l'essai (*m.*)
White space	l'espace blanc (*m.*)
Word-of-mouth advertising	la publicité de bouche-à-oreille

AGRICULTURE

Acre	l'acre (*f.*)
Agronomy	l'agronomie (*f.*)
Area	la surface
Arid	aride
Chemicals	les produits chimiques (*m.pl.*)
Cotton	le coton
Crop(s)	la (les) culture(s)/récolte(s)

Cropland	la terre en culture
Cultivate (to)	cultiver
Cultivation	la culture
Drought	la sécheresse
Export	l'exportation (*f.*)
Farm	la ferme
Farm (to)	cultiver/exploiter
Farmer	le fermier
Farm income	le revenu de la ferme
Farming	l'agriculture (*f.*)/l'exploitation (*f.*)
Feedstock	le bétail
Fertilize (to)	fertiliser
Fertilizer	l'engrais (*m.*)
Grow (to)	cultiver (*v. tr.*)/pousser (*v. intr.*)
Harvest	la récolte
Harvest (to)	récolter
Herbicide	l'herbicide (*m.*)
Husbandry	l'agriculture (*f.*)/la gestion (*of resources*)
Insecticide	l'insecticide (*m.*)
Irrigate (to)	irriguer
Irrigation	l'irrigation (*f.*)
Irrigation system	le système d'irrigation
Land	la terre
Livestock	le bétail
Machinery	les machines (*f.pl.*)
Pesticide	le pesticide
Plant	la plante
Plant (to)	planter
Planting	la plantation
Plow (to)	labourer
Potato	le pomme de terre
Price	le prix
Price support	la politique de soutien des prix

Produce (to)	produire
Production	la production
Rice	le riz
Seed (to)	semer
Seeds	les graines (*f.pl.*)
Seed stock	les semences (*f.pl.*)/le stock de semences
Soil	le sol
Soil conservation	la protection du sol
Store	le magasin
Subsidy	la subvention
Surplus	le surplus
Tariff	le tarif
Till (to)	labourer
Tobacco	le tabac
Vegetable	le légume
Wheat	le blé
Yield	la production/la récolte

ARCHITECTURE AND CONSTRUCTION

Aluminum	l'aluminium (*m.*)
Architect	l'architecte (*m./f.*)
Art	l'art (*m.*)
Asphalt	l'asphalte (*m.*)
Blueprint	le projet
Brick	la brique
Bricklayer	le maçon
Build (to)	construire
Builder	le constructeur
Building	le bâtiment
Building materials	les matériaux de construction (*m.pl.*)
Carpenter (master/ apprentice)	le charpentier (maître/apprenti)/menuisier
Cement	le ciment
Cement (to)	cimenter
Chart (to)	porter sur une carte

Cinder blocks	le parpaing
Computer design	la conception informatique
Concrete	le béton
Construct (to)	construire
Construction	la construction
Cool (to)	refroidir
Demolish (to)	démolir
Design	la conception/le plan/la creation/le design
Design (to)	concevoir
Designer	le (la) dessinateur(trice)
Destroy (to)	détruire
Develop (to)	développer
Developer	le promoteur (immobilier)
Dig (to)	creuser
Draft	l'avant-projet (*m.*)
Draft (to)	faire l'avant-projet
Drafting	l'avant-projet (*m.*)/l'ébauche (*f.*)
Draw (to)	dessiner
Drawing	le dessin
Elevator	l'ascenseur (*m.*)
Engineer	l'ingénieur(e)
Excavate (to)	excaver/creuser
Excavation	l'excavation (*f.*)
Fix (to)	réparer
Fixture	l'installation (*f.*)
Glass	le verre
Frosted	dépoli/opaque
Insulated	isolant
Plexiglas	Plexiglas
Safety	de sécurité
See-through	transparent
Gravel	le gravier
Heat	la chaleur
Heat (to)	chauffer
Heating and ventilation	le chauffage et la ventilation

Implement (to)	mettre en oeuvre/exécuter
Iron	le fer
Ironwork	la ferronnerie
Ironworks	l'usine sidérurgique (f.)
Joiner	le menuisier
Joint	l'assemblage (m.)/le joint/le raccord
Joist	la solive
Land	la terre/le terrain
Lay (to)	poser
Light	la lumière
Lighting	l'éclairage (m.)
Material	le matériel
Measure (to)	mesurer
Metal	le métal
Model	le modèle
Mortar	le mortier
Office layout	l'agencement du bureau (m.)
Paint	la peinture
Paint (to)	peindre
Painter	le peintre
Parking	le parking
Plan (to)	planifier
Plans	les plans (m.pl.)
Plasterer	le plâtrier
Plastic	le plastique
Plumber	le plombier
Refurbish (to)	rénover/restaurer
Renovate (to)	rénover
Repair (to)	réparer
Replace (to)	remplacer
Rock	la pierre/la roche
Steel	l'acier (m.)
Stone	la pierre
Structure	la structure
Survey	le sondage/l'enquête (f.)
Survey (to)	faire une étude/faire un sondage

Surveyor	l'expert (en immobilier)/le topographe/l'ingénieur topographique (*m.*)
Tile	la tuile/le carreau
Tile (to)	poser des tuiles/carreler
Weather (to)	eroder (*v.tr.*)/s'éroder (*v. intr.*)
Welder	le soudeur/l'appareil à souder (*m.*)
Window	la fenêtre
Wire (to)	installer l'électricité
Wood	le bois
Cedar	le cèdre
Ebony	l'ébène
Mahogany	l'acajou (*m.*)
Oak	le chêne
Pine	le pin
Redwood	le séquoia

AUTOMOTIVE

ABS brakes	les freins ABS (*m.pl.*)
Air bag	l'air bag (*m.*)
Air cleaner	le purificateur d'air
Air filter	le filtre à air
Air vent	la prise d'air
Antilock brakes	les freins antiblocage (*m.pl.*)
Ashtray	le cendrier
Assembly line	la chaîne de montage
Automatic shift	la boîte à vitesses automatique
Automobile	l'automobile (*f.*)/la voiture
Auto show	le salon de l'automobile
Axle	l'essieu (*m.*)
Backlog	le retard
Bearing	le palier
Belt	la ceinture/la courroie
Blinker	le clignotant
Body	le corps

Body panel	le tableau de bord/le panneau principal
Body shop	l'atelier de carrosserie (*m.*)
Brake	le frein
Brake (to)	freiner
Brake cylinder	le cylindre de frein
Bucket seats	le siège-baquet
Bumper	le pare-chocs
Bushing	le manchon/la bague
Buy (to)	acheter
Camshaft	l'arbre à cames (*m.*)
Car	la voiture
Carburetor	le carburateur
Car dealer	le vendeur de voitures
Car maintenance	l'entretien d'une voiture (*m.*)
Carpet	le tapis
Catalytic converter	le pot catalytique
CD player	le lecteur de CD
Chassis	le châssis
Child seat	le siège d'enfant
Chrome	le chrome
Cigarette lighter	l'allume-cigares (*m.*)
Climate control	le contrôle de la température ambiante
Clock	l'horloge (*f.*)/la montre
Cockpit	le cockpit
Competition	la compétition
Component	le composant/la pièce
Component stage	le stade des composantes
Computer chip	la puce électronique
Connecting rod	la bielle
Console	la console
Consolidation	la consolidation
Convertible	décapotable
Coolant	le liquide de refroidissement
Cooling and heating system	le système de refroidissement et de chauffage
Cooling system	le système de refroidissement

Corporate average fuel economy (CAFE)	l'économie moyenne d'énergie (f.)
Cost competitiveness	la compétitivité des coûts
Crankshaft	le vilebrequin
Cream puff	l'excellente occasion (fam.) (de deuxième main) (f.)
Cross member	la traverse
Cruise control	le limiteur de vitesse
Cup holder	le support pour tasse
Customer support	le soutien à la clientèle
Custom-made	personnalisé(e)
Cylinder	le cylindre
Cylinder head	la culasse
Cylinder lining	le revêtement de cylindre
Dash board	le tableau de bord
Dealer	le concessionnaire
Defog (to)	enlever la buée
Defogger	la ventilation
Design	la conception/le plan/la création/le design
Designer	le dessinateur/la dessinatrice
Diesel	le diesel
Differential	l'écart (m.)/différentiel(le) (adj.)
Dimmer switch	le variateur d'ambiance
Displacement	le déplacement
Distributor	le distributeur
Door	la porte
Door handle	la poignée
Door lock	la serrure
Door panel	le revêtement de porte
Drive (to)	conduire
Driver's seat	le siège du conducteur
Drive train	la transmission
Electrical harness	le harnais électrique
Electrical system	le système électrique
Electronic system	le système électronique
Emergency flasher	le clignotant de détresse

Emission system	le système d'émission
Engine	le moteur
Engine block	le block moteur
Engine cradle	l'emplacement du moteur (*m.*)/le berceau du moteur
Engineer	l'ingénieur(e)
Engineering	l'ingénierie (*f.*)
Environmental Protection Agency (EPA)	la commission pour la protection de l'environnement
Exhaust	le pot d'échappement
Exhaust manifold	le collecteur d'échappement
Exhaust system	le système d'échappement
Experimental design	la conception expérimentale
Exterior	l'extérieur (*m.*)/extérieur(e) (*adj.*)
Fabricate (to)	fabriquer
Fabrication	la fabrication
Fan	le ventilateur
Fiberglass	la fibre de verre
Fill (to)	remplir
Finish	la finition
Four-door	à quatre portes
Frame	le cadre/le chassis
Fuel	le carburant/l'essence
Fuel gauge	la jauge d'essence
Fuel pump	la pompe à essence
Fuel tank	le réservoir (d'essence)
Fuse	le fusible/le plomb
Fuse box	la boîte à fusibles
Garage	le garage
Gas	l'essence (*f.*)
Gas cap	le capuchon à essence
Gasket	le joint d'étanchéité/la garniture
Gas tank	le réservoir (d'essence)
Gauge	la jauge
Gear	la vitesse

Gear shift	le levier de vitesses (lever)/le changement de vitesses (process)
Glove compartment	la boîte à gants
Headlight	le phare
Headrest	l'appui-tête (*m.*)
Heating system	le système de chauffage
High beam	les pleins phares
Hood	le capot
Hood ornament	l'ornement de capot (*m.*)
Hubcap	l'enjoliveur (*m.*)
Indicator light	les clignotant
Instrument panel	le tableau de bord
Intake manifold	le collecteur d'admission
Interior	l'intérieur (*m.*)/inétrieur(e) (*adj.*)
Inventory	l'inventaire (*m.*)
Jack	le cric
Jobber	le grossiste/le (la) travailleur (-euse) à la tâche
Key	la clé
Labor	le labeur/le travail
Leather	le cuir
Lemon	la voiture de camelote
Lights	les voyants lumineux/les phares/les feux arrière (all *m.pl.*)
Light truck	le camion léger
Light vehicle	le véhicule léger
Lock	la serrure
Lock (to)	verrouiller
Lot	le lot
Machine shop	l'atelier d'usinage (*m.*)
Machining	l'usinage (*m.*)
Maintenance	l'entretien (*m.*)
Make (to)	faire
Manual	le manuel/manuel(le) (*adj.*)
Miles per gallon/ kilometers per liter	milles par gallon/kilomètres par litre

Miles per hour/kilometers per hour	milles par heure/kilomètres-heure
Mint condition	à l'état neuf
Mirror	le miroir
Model	le modèle
New model	le nouveau modèle
Noise	le bruit
Odometer	l'odomètre (*m.*)
Oil gauge	le niveau d'huile
Oil pressure	la pression d'huile
Open (to)	ouvrir
Overhead cam	l'arbre à cames en tête (*m.*)
Paint	la peinture
Park (to)	parquer/se parquer/gaser
Parking	le parking/le stationnement
Parking brake	le frein à main
Part	la pièce
Parts distribution	la distribution des pièces (détachées)
Parts manufacturer	le producteur de pièces (détachées)
Passenger car	la voiture de voyageurs/le wagon de voyageurs/la voiture de promenade
Passenger seat	la place du passager
Pedal	la pédale
Pickup truck	la camionnette (à plateau découvert)
Piston	le piston
Piston ring	le segment (de piston)
Platform	la plate-forme
Power brakes	le freinage assisté
Power windows	les vitres électriques (*f.pl.*)
Price	le prix
Price tag	le coût
Radio	la radio
Rear suspension	la suspension arrière
Rearview mirror	le rétroviseur

Repair shop	l'atelier de reparation (*m.*)
Replacement part	la pièce de rechange
Reverse (to)	faire rouler en marche arrière
Robot	le robot
Rocker arm	le culbuteur
Run (to)	fonctionner/courir
Seal	la fermeture
Seat	le siège
Seat belt	la ceinture de sécurité
Sedan	la berline
Service	la révision/le service/l'usage (*m.*)
Service station	la station-service
Shift (to)	changer de vitesses
Shop (to)	aller acheter/chercher/faire ses courses
Showroom	la sale d'exposition
Side mirror	le miroir latéral/le rétroviseur
Signal	le signe/le signal
Signal (to)	signaler
Sound system	le système sonore
Spare tire	la roue de secours
Spark plug	la bougie
Speedometer	l'indicateur de vitesse
Sports car	la voiture de sport
Stall (to)	caler
Stamp (to)	tamponner
Start (to)	démarrer/commencer
Starter	le démarreur
Start up (to)	démarrer
Station wagon	le break
Steer (to)	conduire (*v.tr.*)/diriger (*v.tr.*)/ se diriger (*v. intr.*)
Steering wheel	le volant
Stick shift	le levier de vitesses
Strut	le montant
Sun roof	le toit ouvrant
Supplier	le fournisseur

Suspension	la suspension
SUV (sports utility vehicle)	la voiture utilitaire/tous-usages
Switch	l'interrupteur (*m.*)
System	le sytème
Tachometer	le tachymètre
Tire	le pneu
Tool	l'outil (*m.*)
Tool kit	la boîte à outils
Torque	le couple moteur
Transmission	la transmission
Truck	le camion
Trunk	le coffre
Turn (to)	tourner
Turn into (to)	tourner dans
Turn signal	le clignotant
Twin cap	le bouchon de carburateur double
Two-door	à deux portes
Union	le raccord
Valve	la valve
Van	la fourgonnette/la camionnette
Vanity mirror	le miroir de courtoisie
Vehicle	le véhicule
Vent	la bouche/le conduit
Vibration	la vibration
Wagon	le wagon
Warning light	le voyant d'alarme
Wheel	la roue
Window	la fenêtre
Windshield	le pare-brise
Wipers	les essuie-glace (*m.pl.*)

BANKING AND FINANCE

Account	le compte
Accrue (to)	s'accumuler

Acquire (to)	acquérir
Acquisition	l'acquisition (*f.*)
Asset	le bien
Assets under management	les biens en gestion
Automatic teller machine (ATM)	le guichet automatique
Back office	le bureau arrière
Bailout	la caution
Bank	la banque
Bond	l'obligation (*f.*)
Bond market	le marché des obligations
Borrow (to)	emprunter
Borrowing	l'emprunt (*m.*)
Bottom line	la dernière ligne du bilan/les resultants (*m.pl.*)/définitif (-ve) (*adj.*)
Branch	la succursale
Branch manager	le directeur de succursale
Capital	le capital
Cash	l'argent liquide (*m.*)
Cash (to)	encaisser
Cashier	le (la) caissier(-ière)
Central bank	la banque centrale
Certificate of deposit (CD)	le certificat de dépôt
Check	le chèque
Checking account	le compte de chèques
Close (to)	fermer
Commercial bank	la banque commerciale
Commercial banking	les transactions bancaires commerciales (*f.pl.*)
Commission	la commission
Commodity	la matière première
Corporate bond	les obligations appartenant à une société (*f.pl.*)
Correspondent banking	les opérations bancaires correspondantes (*f.pl.*)
Cost of funds	le coût d'emprunt
Credit	le crédit

Credit card	la carte de crédit
Credit limit	la limite de crédit
Credit line	la ligne de crédit
Currency	la monnaie
Day trader	l'opérateur(-trice) en bourse (sans inventaire de fin de journée)
Debt (short-term, long-term)	la dette (à court terme, à long terme)
Deficit	le déficit
Deflation	la déflation
Delinquency rate	le taux de défaut de paiement
Deposit	le dépôt
Deposit (to)	déposer
Derivatives	les derives (*f.pl.*)
Down payment	l'acompte (*m.*)
Due date	la date d'échéance
Earnings	le revenu
Economy	l'économie (*f.*)
Efficiency ratio	le taux de rendement
Exchange rate	le taux de change
Fee	les frais (*m.pl.*)/la commission
Financial adviser	le conseiller financier
Fiscal policy	la politique fiscale
Foreign exchange	les devises (*f.pl.*)
Futures contract	le contrat à terme
Hedge	la protection
Hedge (to)	se protéger contre (perte, risque)
Hedge fund	le fonds de couverture
Hedging	la couverture/la protection
Inflation	l'inflation (*f.*)
Institutional investor	l'investisseur institutionnel (*m.*)
Interest	l'intérêt (*m.*)
Interest rate (fixed, floating)	le taux d'intérêt (fixe, variable)

Invest (to)	investir
Investment	l'investissement (*m.*)
Investment bank	la banque d'investissement
Investment services	les services d'investissement/ de gestion (*m.pl.*)
Letter of credit (LC)	la lettre de crédit
Liability	la responsabilité
Liquid	le liquide
Liquidate (to)	liquider
Lend (to)	prêter
Loan (short-term, long-term, secured)	l'emprunt (à court terme, à long terme, assuré) (*m.*)
Loan (to)	emprunter
Loan officer	le responsable d'emprunt
Loan volume	le capital d'emprunt
Loss	la perte
Merchant bank	la banque d'affaires
Merchant banking	les activités des banques d'affaires
Merge (to)	incorporer/fusionner
Merger	la fusion/le fusionnement
Monetary policy	la politique monétaire
Money	l'argent (*m.*)
Mortgage	l'hypothèque (*f.*)
Mortgage (to)	hypothéquer
Mutual fund	le fonds mutuel
Net	net(te) (*adj.*)
Non-revolving credit	le crédit non permanent
Open (to) a letter of credit	ouvrir une lettre de crédit
Open (to) an account	ouvrir un compte
Overdraft	le découvert
Overdrawn	à découvert
Pay (to)	payer
Payment	le paiement
Percent	pour cent
Portfolio	le portefeuille
Portfolio manager	le gestionnaire de portefeuille

Price	le prix
Price (to)	fixer le prix de/estimer la valeur de
Price/Earnings (P/E) ratio	le rapport prix/revenus
Private banking	la banque privée
Profit	le profit
Profit (to)	profiter
Profit margin	la marge de profit
Recession	la récession
Repayment	le remboursement
Retail banking	les opérations bancaires de detail (*f.pl.*)
Revolving credit	le crédit permanent
Safe-deposit box	le coffre
Save (to)	épargner
Savings account	le compte d'épargne
Securitization	la titrisation
Security/Securities	la valeur boursière, le titre/les titres
Share price	le prix d'une action
Spread	l'envergure (*f.*)
Stockholder	l'actionnaire (*m./f.*)
Stock market	la bourse des valeurs
Stocks	les valeurs (*f.pl.*)/les titres (*m.pl.*)
Surplus	l'excédent (*m.*)
Syndicate	le syndicat/le consortium
Syndicated loan	l'emprunt en participation (*m.*)
Takeover	le rachat/la prise de contrôle
Tax	la taxe/les impôts
Tax (to)	taxer/imposer
Teller	le (la) caissier(-ière) de banque
Trade (to)	faire du commerce/échanger
Trader	le commerçant/l'opérateur en bourse (*m.*)

Transact (to)	faire une transaction
Transaction	la transaction
Transaction costs	les coûts transactionnels (*m.pl.*)
Transfer (to)	transférer
Traveler's checks	les traveler's chèques (*m.pl.*)/ les chèques de voyage (*m.pl.*)
Treasury bonds	les bons du Trésor (*m.pl.*)
Trust	le fidéicommis/la propriété fiduciaire/le trust
Trust (to)	faire confiance à
Trust officer	le responsable de trust
Underwrite (to)	garantir/souscrire/financer/ prendre en charge
Underwriter	le soumissionnaire/le souscripteur/le syndicataire
Wholesale banking	les opérations bancaires en gros (*f.pl.*)
Wire	le cable/le transfert électronique
Wire (to)	envoyer par cable/faire un transfert de fonds électronique
Withdraw (to)	retirer
Withdrawal	le retrait

ENGINEERING

Calculus	le calcul
Chemical	le produit chimique/chimique (*adj.*)
Civil	civil(e)
Design (to)	concevoir
Develop (to)	développer
Engineer	l'ingénieur(e)
Instrument	l'instrument (*m.*)
Mathematics	le mathématique
Mechanical	mécanique

Nuclear	nucléaire
Science	la science
Structural	structurel(le)
Technology	la technologie
Test	le test

ENTERTAINMENT, JOURNALISM, AND MEDIA*

Actor/Actress	l'acteur(-trice)
Artist	l'artiste
Choreographer	le (la) choréographe
Cinema	le cinéma
Column	la chronique
Columnist	le chroniqueur
Commentary	le commentaire
Contact	le contact
Correspondent	le correspondant
Dancer	le (la) danseur(-seuse)
Director	le (la) directeur(-trice)
Edit (to)	éditer/réviser
Edition	l'édition (f.)
Editor	l'éditeur (m.)
Editorial	l'éditorial
Editor in chief	l'éditeur en chef (m.)
Feature story	l'article de fond (m.)
Headline	le gros titre/la une
Interpreter	l'interprète (m.)
Journalism	le journalisme
Journalist	le journaliste
Music	la musique
Musician	le (la) musicien(ne)
News (story)	la nouvelle/l'événement d'actualité (m.)
Perform (to)	jouer/chanter/éxécuter
Performance	la représentation

---

* See also Publishing, Advertising and Public Relations.

Photographer	le photographe
Post-production	post-production
Producer	le producteur
Production	la production
Radio	la radio
Recording	l'enregistrement (*m.*)
Rehearsal	la répétition
Report (to)	faire un reportage/faire un compte-rendu
Reporter	le journaliste/le reporter
Review	la revue/la critique
Score	la musique/la partition
Script	le script
Technician	le (la) technicien(ne)
Television	la télévision
Translator	le (la) traducteur (-trice)
Writer	l'écrivain (*m.*)

FASHION*

Accessories	les accessories (*m.pl.*)
Accessorize	accessoiriser
Appearance	l'apparence (*f.*)
Beauty	la beauté
Bell-bottoms	le pantalon patte-d'éléphant
Belt	la ceinture
Bias cut	la coupe en biais
Blazer	le blazer
Blouse	la blouse
Boots	les bottes (*f.pl.*)
Boutique	la boutique
Bow tie	le noeud papillon
Bra	le soutien-gorge
Bust	la poitrine
Cap	la casquette /le képi
Collar	le col

---

* See also Textiles.

Collection	la collection
Corset	le corset
Couturier	le couturier
Cover (to)	couvrir
Cravat	le foulard (pour homme)
Design	la création
Design (to)	créer
Designer	le couturier/le (la) styliste/le (la) dessinateur(-trice) de mode/le (la) créateur(-trice)
Dinner jacket	le smoking
Double-breasted suit	le costume croisé
Dress	la robe
Dressing room	la loge (*theatre*)/le vestiaire
Earmuffs	le cache-oreilles
Etiquette	l'étiquette (*f.*)
Fabric	le tissu
Fake fur	la fausse fourrure
Fashion	la mode
Fashion show	la présentation/le défilé de mode
Fur	la fourrure
Garment	l'habit (*m.*)
Girdle	la gaine/la ceinture
Glove	le gant
Hat	le chapeau
Haute couture	la haute couture
Haute couturier	le grand couturier
Heel	le talon
Hem	l'ourlet (*m.*)
Hem (to)	ourler
Hemline	l'ourlet (*m.*)
Image	l'image (*f.*)
Jacket	la veste
Lapel	le revers
Length	la longueur
Lingerie	la lingerie
Metallics	le tissu métallisé

Midiskirt	la jupe (longue)
Miniskirt	la mini-jupe
Model	le modèle/le mannequin (man or woman)
Model (to)	présenter (*an outfit*)/travailler comme mannequin
Muff	le manchon
Necktie	la cravate
Nightgown	la chemise de nuit
Non-crease	infroissable
Overcoat	le pardessus
Pad	le rembourrage
Padded	rembourré(e)
Pajamas	le pyjama
Pants	le pantalon
Plastics	les matières plastiques (*f.pl.*)
Platform shoes	les chaussures à talons compensés (*f.pl.*)
Pleat	le pli
Proportion	la proportion
Raincoat	l'imperméable (*m.*)
Ready-to-wear	le prêt-à-porter
Relaxed	décontracté(e)
Robe	le peignoir/la robe de chambre
Runway	le podium (de défilé de mode)
Sash	la ceinture large
Scarf	l'écharpe (*f.*)/le foulard
Seam (finished, unfinished)	la couture
Season	la saison
Separates	les pièces séparées (*f.pl.*)
Shawl	le châle
Sheath	la robe fourreau
Shirt	la chemise
Shoe	le chaussure
Shoulder pads	les epaulettes (*f.pl.*)
Show	la représentation/la présentation

Show (to)	montrer/présenter
Showroom	l'exposition (f.)
Skirt	la jupe
Sleeve	la manche
Sock	la chaussette
Stiletto heel	le talon aiguille
Stitch (to)	coudre
Stitching	la couture
Stocking	le bas
Straight-leg	(le pantalon) droit
Style	le style
Suit	le costume (*men*)/le tailleur (*women*)
Sweater	le pullover
Tailor	le tailleur
Tailor (to)	couper/tailler
Tailored	ajusté(e)/coupé(e)/confectionné(e)
Tailoring	la confection/la coupe
Tank top	le débardeur/le pull sans manches
Three-piece suit	le costume trois-pièces
Tie	la cravate
Trousers	le pantalon
T-shirt	le T-shirt
Undergarment	le sous-vêtement
Underwear	les sous-vêtements (*m.pl.*)
Vest	le gilet/le maillot de corps
Waist	la taille
Wardrobe	la garde-robe
Wedge (heel)	compensé (talon)/a semelle compensée

GOVERNMENT AND GOVERNMENT AGENCIES

Administration	l'administration (f.)
Agency(ies)	l'agence (les agences) (f.)

Arts	les arts (*m.pl.*)
Association	l'association (*f.*)
Citizen	le citoyen(ne)
Citizenship	la citoyenneté
College	l'université (*f.*)
Commission	la commission
Committee	le comité
Community	la communauté
Cultural	culturel(le)
Delegation	la délégation
Department	le département
Development	le développement
Economic	économique
Education	l'éducation (*f.*)
Environment	l'environnement (*m.*)
Form	le formulaire
Government	le gouvernement
Governmental	gouvernemental(e)
Grant	la subvention/la bourse (*education*)
Highway	la route nationale/l'autoroute
Housing	le logement
Industrial park	le domaine de l'industrie
Information	l'information (*f.*)
Institute	l'institut (*fm.*)
International	international(e)
Legislation	la législation
Long-range	à longue portée
Military	l'armée (*f.*)/militaire (adj.)
Negotiate (to)	négocier
Negotiation	la négociation
Non-governmental agency	l'agence non-gouvernementale (*f.*)
Non-profit	à but non-lucratif
Office	le bureau
Park	le parc
Plan	le plan
Plan (to)	planifier/prévoir

Planner	l'urbaniste (m./f.)/le (la) planificateur (-trice)
Policy	le règlement/la politique
Political	politique
Politics	la politique
Population	la population
Procedure	la procédure
Proposal	la proposition
Public	le public/public(-que) (*adj.*)
Public service	le service public
Recommendation	la recommandation
Region	la région
Regional	regional(e)
Regional office	le bureau régional
Regulation	la réglementation
Regulatory agency	l'agence de contrôle (*f.*)
Report	le rapport
Representative	le représentant/représentatif (-ive) (*adj.*)
Research	la recherche
Resources	les resources (*f.pl.*)
Road	la route
Rural	rural(e)
Service	le service
Social	social(e)
Society	la société
Suburb	la banlieue/le faubourg
Transportation	le(s) transport(s)
University	l'université (*f.*)
Urban	urbain(e)

INSURANCE

Actuary	l'actuaire (m./f.)
Agent	l'agent (*m.*)
Annuity	la rente
Broker	le courtier (d'assurance)
Casualty	l'accident (*m.*)
Claim	la demande d'indemnisation

Commission	la commission
Coverage	la couverture
Death benefit	l'indemnité en cas de décès (f.)
Deductible	la franchise/déductible (adj.)
Endowment	la dotation
Endowment insurance or policy	l'assurance à capital différé (f.)
Face value	la valeur nominale
Health	la santé
Insure (to)	assurer
Life	la vie
Life expectancy	l'espérance de vie (f.)
Mortality	la mortalité
Peril	le danger
Policy	la police (d'assurance)
Policy owner	l'assuré(e)
Premium	la prime
Property	la propriété
Reinsurance	la réassurance
Reserve	la réserve
Risk	le risque
Risk management	la gestion des risques
Term	le terme
Underwriter	l'assureur (m.)/le souscripteur
Universal	universel(le)
Variable annuity	la rente variable
Viatical settlement	la constitution viatique
Whole-life	la vie durant/entière

MANAGEMENT CONSULTING

Account	le compte
Accounting executive	le chef comptable
Bill	la facture
Bill (to)	facturer
Entrepreneur	l'entrepreneur (m.)
Expert	l'expert (m.)

Fee	le montant/les honoraires (*m.pl.*)
Implement (to)	exécuter (*law*)/mettre en oeuvre
Implementation	l'exécution (*f.*)/l'application (*f.*)
Manage (to)	diriger/administrer/gérer
Management	la gestion/le management/la direction
Organization	l'organisation (*f.*)
Organizational development	le développement organisationnel
Organize (to)	organiser
Presentation	la présentation
Project	le projet
Proposal	la proposition
Recommend (to)	recommander
Recommendation	la recommandation
Report	le rapport
Report (to)	faire un rapport/être sous les ordres (directs) de
Specialist	le (la) spécialiste
Specialize (to)	se spécialiser
Team build (to)	mettre une équipe sur pied
Team building	la mise sur pied d'une équipe
Time sheet	la feuille de présence
Train (to)	former
Training	la formation
Value	la valeur
Value-added	la valeur ajoutée

MINING AND PETROLEUM

Blasting	le travail à l'explosif
Chemical	chimique (*adj.*)/le produit chimique
Coal	le charbon
Conveyor	le transporteur à bande/à courroie

Cooling	le refroidissement
Copper	le cuivre
Crosscut	la coupe en travers/en travers (*adj.*)
Crush (to)	écraser
Crusher	le broyeur
Crystal	le cristal/en cristal
Deposit	le dépôt
Diamond	le diamant
Dig (to)	creuser
Digging	le forage
Dredge (to)	draguer
Dredging	le dragage
Drilling	le forage
Earth	la terre
Engineer	l'ingénieur(e)
Engineering	l'ingénierie (*f.*)
Excavating	excaver
Extraction	l'extraction
Gas	le gaz (*m.*)
Gem	la pierre précieuse
Geologist	le géologue
Gold	l'or
Hydraulic	hydraulique
Iron	le fer
Lead	le plomb
Metal	le métal
Metallurgist	le métallurgiste
Mine	la mine
Mine (to)	extraire/exploiter (un gisement)
Mineral	le minéral/minéral(e) (*adj.*)
Natural gas	le gaz naturel
Natural resources	les ressources naturelles (*f.pl.*)
Oil	le pétrole
Open-pit	la mine à ciel ouvert
Ore	le minerai
Outcrop	l'affleurement (*m.*)

Pit	la mine/la carrière
Platform	la plate-forme
Power	la puissance
Processing	le traitement
Pump	la pompe
Pump (to)	pomper
Pumping	le pompage
Quarry	la carrière
Quarry (to)	extraire
Refine (to)	raffiner
Refinery	la raffinerie
Resource	la ressource
Safety	la sécurité
Shaft	le puits
Silver	l'argent (*m.*)
Sluice	le canal à vannes
Sluice (to)	canaliser
Sluice out (to)	jaillir
Smelting	l'extraction par fusion (*f.*)
Strip mining	l'exploitation minière à ciel ouvert (*f.*)
Surface	la surface
Tin	l'étain (*m.*)
Ton	la tonne
Truck	le camion
Tunnel	le tunnel
Tunnel (to)	creuser
Uranium	l'uranium (*m.*)
Vein	la veine
Waste	le déchet
Water	l'eau (*f.*)
Well	le puits/la source
Zinc	le zinc

NON-GOVERNMENTAL

Academic	académique
Analyst	l'analyste (*m./f.*)
Associate	l'associé(e)

Association	l'association (f.)
Center	le centre
Charity	l'organisation caritative (f.)/le bénévolat/la charité
College	l'université (f.)
Consult (to)	consulter
Consulting	le consulting
Contract	le contrat
Contract (to)	s'engager par contrat
Coordinate	coordonner
Council	le conseil
Database	la base de données
Develop (to)	développer
Development	le développement
Directory	l'annuaire (m.)
Donation	la donation
Educate (to)	eduquer
Education	l'éducation (f.)
Educational	éducatif (-ive)
Enterprise	l'entreprise (f.)
Fellowship	le poste de recherche et d'enseignement universitaire/la bourse de recherche
Fine art	les beaux arts (m.pl.)
Foundation	la fondation
Fund-raiser	la collecte (event)/le (la) collecteur(-trice) de fonds (person)
Fund-raising	la collecte de fonds
Gift	le cadeau
Grant	la subvention/la bourse (education)
Information	l'information (f.)/les renseignements (m.pl.)
Institute	l'institut (m.)
Institute (to)	instituer
Institution	l'institution (f.)

Interest group	le groupe d'intérêt
International	international(e)
Issue (to)	distribuer/publier
Laboratory	le laboratoire
Library	la bibliothèque
Lobbying	l'activité des groupes de pression (f.)/le lobbying
Museum	le musée
Nonprofit group/not-for-profit group	le groupement à but non-lucratif
Organization	l'organisation (f.)
Philanthropy	la philanthropie
Professional association	l'association professionnelle (f.)
Program	le programme
Publish (to)	publier
Raise funds (to)	collecter de l'argent/collecter des fonds
Report	le rapport
Report (to)	faire un rapport/être sous les ordres (directs) de
Research	la recherche
Research (to)	faire des recherches (dans/sur)
School	l'école (f.)
Society	la société
Statistic	la statistique
Strategy	la stratégie
Study	l'étude (f.)
Survey	le sondage
Survey (to)	faire un sondage
University	l'université (f.)

PERFUME AND FRAGRANCE

Aerosol	l'aérosol (m.)/aerosol (adj.)
Aftershave	la lotion après rasage/l'aftershave (m.)
Air freshener	le désodorisant d'atmosphère
Alcohol	l'alcool (m.)

Aloe	l'aloès (*m.*)
Aroma	l'arome (*m.*)
Base note	la note de base
Bath	le bain
Bath oil	l'huile de bain (*f.*)
Blush	le blush/le fard à joues
Citrus	le citrus/l'agrume (*m.*)
Cologne	l'eau de cologne (*f.*)
Compact	le poudrier
Cosmetic(s)	le(s) cosmétique(s)/le(s) produit(s) de beauté
Cream	la crème
Deodorant	le déodorant
Essential oils	les huiles essentielles (*f.pl.*)
Eyeliner	l'eye-liner (*m.*)
Eye shadow	le fard à paupières
Floral	floral(e)
Fragrance	le parfum
Fresh	frais, fraîche
Freshener	le désodorisant/le rafraîchissant
Herbal	à base de plantes
Lemon	le citron
Lipstick	le rouge à lèvres
Mascara	le mascara
Middle note	la note de coeur
Nose	le nez
Oil	l'huile (*f.*)
Ointment	la pommade
Olfactory	olfactif(-ive)
Orange	l'orange (*f.*)/orange (*adj.*)
Oriental	oriental(e)
Perfume	le parfum
Powder	la poudre
Powdery	poudreux (-euse)
Rouge	le rouge
Salt	le sel
Scent	l'odeur (*f.*)/le parfum

Smell	l'odeur (f.)
Spicy	epicé(e)
Soap	le savon
Toiletries	les articles de toilette (m.pl.)
Top note	la note de tête

PHARMACEUTICAL, MEDICAL, AND DENTAL

Anesthetic	l'anesthésique (m.)/anesthésiant(e)
Antibiotic	l'antibiotique
Approval	l'approbation (f.)/l'autorisation (f.)
Approve (to)	approuver/accepter
Capsule	la capsule
Checkup	le check-up/le contrôle medical
Chemistry	la chimie
Clean (to)	nettoyer
Cleaning	le nettoyage
Clinical trial	l'étude clinique (f.)
Disease	la maladie
Double-blind study	l'étude en double aveugle (f.)
Drug	le médicament/la drogue
Drug trial (Phase I, Phase II, Phase III)	l'essai de médicament (m.) (Phase I, Phase II, Phase III)
Exam	l'examen (m.)
Examine (to)	examiner
Filling	le plombage
Generic drug	le médicament générique
Hospital(s)	l'hôpital (m.), les hôpitaux
Laboratory	le laboratoire
Magnetic Resonance Imaging (MRI)	la résonance magnétique nucléaire (RMN)/l'Imagerie par résonance magnétique (IRM)
Manufacture (to)	manufacturer/fabriquer

Over-the-counter	en vente libre/sans ordonnance
Patent	le brevet
Patent (to)	faire breveter
Patented drug	le médicament breveté
Patient	le (la) patient(e)
Pharmaceutical company	la compagnie pharmaceutique
Pharmacist	le (la) pharmacien(ne)
Pharmacologist	le pharmacologue
Pharmacy	la pharmacie
Pill	la pilule
Placebo	le placebo
Poison	le poison
Prescribe (to)	prescrire
Prescription	l'ordonnance (f.)
Prescription drug	le médicament sur ordonnance
Proprietary drug	la spécialité pharmaceutique
Rash (skin)	l'éruption (cutanée) (f.)
Release (to)	relâcher
Research	la recherche
Root canal	le canal radiculaire/le canal dentaire
Root canal treatment	la dévitalisation (d'une dent)
Tablet	la pastille
Test	le test
Test (to)	tester
Testing	le testing
Toxicology	la toxicologie
Treatment	le traitement
Veterinary drug	le médicament vétérinaire
Vitamin	la vitamine
X ray	la radiographie

PUBLISHING

| Acknowledgments | les remerciements (*m.pl.*) |
| Advance | l'avance à l'avance (f.) |

Advance sales	les ventes à l'avance (*f.pl.*)
Appendix	l'appendice (*m.*)
Art	l'art (*m.*)
Asterisk	l'astérisque (*m.*)
Author	l'auteur (*m.*)
Author's corrections	les corrections d'auteur (*f.pl.*)
Back ad	les notes (*f.pl.*)
Backlist	la liste des ouvrages disponibles
Best-seller	le best-seller
Binding	la reliure
Blockbuster	le livre à succès/le bestseller
Blow-in card	la carte publicitaire jointe (à un livre)
Blurb	le texte de présentation (sur la couverture d'un livre)
Body	le corps
Bold type	le caractère gras
Book	le livre
Book jacket	la jaquette de livre
Bookstore	la librairie
Border	le liseré/la bordure
Box	la boîte
Broadsheet newspaper	le journal de grand format
Bullet points	les points d'énumération (marquant les paragraphes) (*m.pl.*)
Byline	le nom de journaliste (en tête d'un article)
Caps (capital letters)	les lettres majuscules (*f.pl.*)
Caption	la légende
Chapter	le chapitre
Circulation	le tirage/la diffusion
Color	la couleur
Color photo	la photo couleurs
Contents	le contenu
Contrast	le contraste
Copy editor	le (la) secrétaire de rédaction

Copyright	le copyright/le droit d'auteur
Cover	la couverture
Cropping	la moisson (*prizes, medals*)/ la cuvée (*films, novels*)
Dagger	la croix (*printing*)
Deadline	le délai/la date limite
Dots per inch	points par pouce (*m.pl.*)
Double daggers	la croix double
Double-page spread	la page double
Edit (to)	éditer/rédiger
Editing	l'édition (*f.*)/la rédaction
Editor	l'éditeur (*m.*)/le rédacteur
Electronic publishing	l'éditique
End paper	la page de garde
Fact check	la vérification des faits
Flush left/flush right	l'alignement gauche/droite (*m.*)
Font	la fonte/la police de caractères
Footnote	la note de bas de page
Front-list	la liste des nouveautés (*f.*)
Galley	la galée
Galley proof	la galée
Glossary	le glossaire
Glossy	brillant(e)
Graphic	le graphique/ graphique (*adj.*)
Hard cover	le livre relié/relié(e) (*adj.*)
Illustration	l'illustration (*f.*)
Imprint	la marque d'éditeur/la maison d'édition
Index	l'index (*m.*)
International paper sizes	les dimensions de papier internationals (*f.pl.*)
International Standard Book Number (ISBN)	International Standard Book Number (ISBN) (*m.*)
International Standard Serial Number (ISSN)	International Standard Serial Number (ISSN) (*m.*)
Introduction	l'introduction (*f.*)

Italics	les caractères italiques (*m.pl.*)
Jacket	la jaquette
Justify	justifier (les marges)
Landscape	le paysage
Layout	la mise en page
Legend	la légende
Logo	le logo
Loose-leaf	à feuilles mobiles
Lowercase	minuscule (caractère, lettre)
Magazine	le magazine/la revue
Manuscript	le manuscrit
Margin	la marge
Masthead	l'ours (*m.*)/le titre
Mock-up	la maquette
Newspaper	le journal
Newsstand	le kiosque à journaux
Page	la page
Page number	le numéro de page
Page proofs	la tierce
Pagination	la pagination
Paperback	le livre de poche/le livre broché
Paragraph	le paragraphe
Paragraph mark	le pied de mouche/l'alivéa (*m.*)
Percentage	le pourcentage
Pica	le cicéro
Point	le point/le point essentiel
Portrait	le portrait
Printing	l'impression (*f.*)
Prologue	le prologue
Proof	la preuve
Proofread (to)	corriger
Proofreader	le correcteur
Publisher	la maison d'édition/l'éditeur (-trice)
Publishing	l'édition (*f.*)
Pulp fiction	la littérature de gare

Reference	la référence
Reference marks	les notes de référence (*f.pl.*)
Remainder (to)	solder (*unsold stock*)
Reporter	le (la) reporter/le (la) journaliste
Resolution	la résolution
Royalty	les droits d'auteur (*m.pl.*)/la redevance
Section mark	le symbole du paragraphe
Sentence	la phrase
Soft cover	le livre à couverture plastifiée, le livre de poche
Subscript/superscript	souscrit(e)/en exposant
Subscription	l'abonnement (*m.*)
Tabloid	le quotidien populaire
Template	le modèle
Text	le texte
Title	le titre
Trade book	le livre commercial
Trim	la tranche
Typeface	la police (de caractères)
Watermark	le filigrane (papier, billet de banque)
Word wrap	le retour à la ligne automatique
Writer	l'écrivain(e)

REAL ESTATE

Agent	l'agent (*m.*)
Agreement	l'accord (*m.*)
Air rights	les droits aériens (*m.pl.*)
Amortization	l'amortisation (*f.*)
Annual percentage rate	le taux d'intérêt annuel
Apartment	l'appartement (*m.*)
Appraisal	l'évaluation (*f.*)
Appraise (to)	estimer (*f.*)
Assessment	l'appréciation (*f.*)/l'estimation (*f.*)

Assign (to)	assigner
Assume	supposer/prendre
Assumption	la supposition/la prise (de)
Attached	ci-joint(e)
Attachment	le document joint
Auction	la vente aux enchères
Balloon mortgage	le prêt hypothécaire avec paiement forfaitaire
Bankruptcy	la faillite
Bearing wall	le mur portant
Bid (to)	faire une offre
Binder	le classeur
Breach of contract	la rupture de contrat
Bridge loan	le prêt relais
Broker	l'agent immobilier
Building	le bâtiment
Building codes	les règlements/codes de construction (*m.pl.*)
Building permit	le permis de construire
Buy (to)	acheter
Buy-down	l'achat immobilier à taux d'intérêt bas (*m.*) (généralement limité dans le temps)
Capital gains	les revenus des capitaux (*m.pl.*)
Capitalization	la capitalisation
Cash flow	la marge brute d'auto-financement/le cash flow
Caveat emptor	aux risques de l'acheteur
Closing	la clôture (d'un marché/contrat)
Closing costs	les coûts de cloture (*m.pl.*)
Collateral	collatéral(e)
Commitment	l'engagement (*m.*)
Condemnation	la condamnation
Condominium (condo)	l'immeuble en co-propriété (*m.*)

Contract	le contrat
Convey (to)	transmettre
Conveyance	le transfert/la cession de propriété
Cooperative (co-op)	l'immeuble en co-propriété (*m.*)
Credit report	le rapport de solvabilité
Debt-to-income ratio	la proportion des dettes par rapport au revenu
Deed	l'acte notarié (*m.*) /l'acte de propriété (*m.*)
Default (to)	ne pas régler ses échéances
Depreciation	la dépréciation
Diversified	diversifié(e)
Down payment	l'acompte (*m.*)
Easement	le droit de passage
Eminent domain	le domaine éminent
Equity	la participation (investissement)
Escrow	le séquestre
First mortgage	la première hypothèque
Flood insurance	l'assurance contre l'inondation (*f.*)
Foreclosure	la saisie
Free and clear	libre et quitte
Freehold	la pleine propriété
General contractor	l'entrepreneur general (*m.*)
Hazard insurance	l'assurance risqué (*f.*)
Hotel	l'hôtel (*m.*)
Indemnity	l'indemnité (*f.*)
Industrial	industriel(le)
Industrial park	le parc industriel
Insurance	l'assurance (*f.*)
Interest	l'intérêt (*m.*)
Jumbo loan or mortgage	le prêt ou hypothèque géant(e)
Land	le terrain
Landscaping	l'aménagement paysager (*m.*)

Lease	le bail
Lease (to)	louer
Lessee/Lessor	le (la) preneur(-euse) de bail/le (la) bailleur(-esse)
Let	laisser
Lien	le droit de rétention
Manufactured housing	le logement préfabriqué
Mortgage	l'hypothèque (*f.*)
Note	la note
Occupancy	l'occupation (*f.*)
Office	le bureau
Option	l'option (*f.*)
Owner	le propriétaire
Partition	la cloison (*room*)/le morcellement (*property*)
Points	les points (*m.pl.*)
Power of attorney	la procuration
Prefabricated construction	la construction préfabriquée
Prepayment penalty	la pénalité de paiement d'avance
Principal	le capital/le principal (montant de la dette avant les intérêts)
Private mortgage insurance	l'assurance hypothécaire privée (*f.*)
Probate	l'homologation (*f.*)
Promissory note	le billet à ordre
Property	la propriété
Public sale	la vente publique
Real estate	les biens immobiliers (*m.pl.*)/l'immobilier (*m.*)
Real estate investment trust (REIT)	la société d'investissement immobilier
Realtor	l'agent immobilier (accrédité) (*m.*)
Refinance (to)	refinancer
Rent	le loyer
Rent (to)	louer

Rental	de location
Renter	le (la) locataire (*tenant*)/le (la) bailleur (-resse) (*landlord*)
Rescind (to)	résilier (un contrat)
Residential	residential(le)
Riparian rights	la riveraineté
Second mortgage	la deuxième hypothèque
Self-storage	l'espace de rangement (*m.*)/le garde-meubles accessible de façon indépendante
Sell (to)	vendre
Settle (to)	régler/fixer
Shopping mall	le centre commercial
Sublet (to)	sous-louer
Tenant	le/la locataire
Tenure	la jouissance (d'une propriété)
Title	le titre
Title insurance	l'assurance de propriété foncière (*f.*)
Title search	le relevé d'hypothèque
Trust	le fidéicommis/le trust/la propriété fiduciaire
Utilities	les factures (*f.pl.*)/les commodities (*f.pl.*)
Vacant	libre/disponible/vacant
Warranty deed	l'acte notarié de garantie (*m.*)
Zoning	le découpage par zones/le zonage

SHIPPING AND DISTRIBUTION

Agent	l'agent (*m.*)
Air freight	le fret aérien
Airport	l'aéroport (*m.*)
Anchor	l'ancre (*m.*)
Barge	la barge
Bill	la facture

Bill (to)	facturer
Bill of lading (B/L)	le connaissement
Boat	le bateau
Box	la boîte
Broker	le courtier
Bulk carrier	le cargo
By air	par avion
By land	par voie de terre
By sea	par bateau
Cargo	la cargaison/le chargement
Carload	une voiture pleine (de)
Carrier	le transporteur/la compagnie aérienne
Certificate	le certificat
Charter	le charter
Charter (to)	charter
CIF (Cost, Insurance, and Freight)	CAF (Coût, Assurance et Fret)
Combine (to)	combiner
Consign (to)	expédier
Consignor	l'expéditeur (-trice)
Container	le conteneur
Containerization	la mise en conteneur/la conteneurisation (méthode de transport)
Container ship	le (bateau) porte-conteneurs
Corrugated box	le caisson en tôle ondulée
Cost	le coût
Crate	le cageot/la caisse
Crew	l'équipage (*m.*)
Customs	la douane
Deliver (to)	livrer
Delivery	la livraison
Delivery note	le bulletin de livraison
Delivery time	l'heure de livraison (*f.*)
Depot	le dépôt
Destination	la destination
Dispatch	l'expédition (*f.*)

Dispatch (to)	envoyer/expédier
Dock	le quai/le dock
Dock (to)	accoster
Double hulls	les doubles coques (*f.pl.*)
Duty	la taxe/la fonction/le devoir
Estimate	l'estimation (*f.*)
Estimate (to)	estimer
Ferry	le ferry
Fleet	la flotte/le convoi (sur route)
Forklift	le chariot élévateur à fourche
Forward	à terme (*delivery*)/avant
Forward (to)	faire suivre
Fragile	fragile
Free on Board (FOB)	franco à bord (FAB)/franco à destination
Freight	le fret
Freight carrier	la compagnie de transport des marchandises
Freight costs	les frais de transport (*m.pl.*)
Freighter	le cargo (*sea*)/l'avion-cargo (*m.*) (*air*)
Freight weight	le poids du fret
Full containerload	le chargement à plein des conteneurs
Goods	les merchandises (*f.pl.*)
Guaranteed arrival date	la date d'arrivée garantie
Hazardous materials	les produits dangereux (*m.pl.*)
Hire (to)	engager
Hub	le centre/le moyeu
Insurance	l'assurance (*f.*)
Insure (to)	assurer
Island	l'île (*f.*)
Isothermal container	le conteneur isotherme
Landing day	le jour d'atterrissage
Liner	l'avion gros porteur (*m.*)/le paquebot de grande ligne
Load	le chargement
Load (to)	charger

Load capacity	la capacité de chargement
Loader	le chargeur (personne)/la chargeuse (machine)
Loading	le chargement
Loan	l'emprunt (m.)/ le prêt
Locks	les écluses (m.pl.)/les verrous (m.pl.)
Lots	l'arrivage (m.)/le lot
Manager	le directeur/le manager
Manifest	le manifeste
Merchant ship	le bateau marchand
Message center	le centre de messagerie
Off-load (to)	décharger
Oil tanker	le pétrolier
On-load (to)	charger
Order	l'ordre (m.)/la commande
Order (to)	ordonner/commander
Overdraft	le découvert
Pack (to)	emballer
Package	le paquet
Package (to)	empaqueter/emballer
Packaging	l'emballage
Pallet	la palette (de chargement)
Partial carload	le chargement partiel d'une voiture
Partial containerload	le chargement partiel des conteneurs
Pick up (to)	aller chercher/prendre
Port	le port
Profit	le profit
Railroad	le chemin de fer
Rails	les rails (m.pl.)
Rail yard	le dépôt de chemin de fer
Refrigerate (to)	réfrigérer
Refrigerated tank	le container frigorifique
Refrigeration	la réfrigération
Reloading	recharger
Rent (to)	louer

Route	la route/l'itinéraire (*m.*)
Route (to)	expédier/acheminer
Scrapping	la ferraille
Sea	la mer
Sea lane	le couloir maritime
Service	le service
Ship	le bateau
Ship (to)	envoyer
Shipper	l'expéditeur (-trice)
Station	la station
Storage	le stockage
Supertanker	le supertanker
Surface	la surface
Tank	la cuve/le réservoir
Tanker	le navire-citerne/le camion-citerne
Taxes	les taxes (*f.pl.*)
Tie-down (to)	amarrer
Tonnage	le tonnage
Track (railroad)	la voie (de chemin de fer)
Track (to)	suivre la progression de
Traffic	le trafic
Traffic coordinator	le coordinateur du trafic
Train	le train
Transloading	le transbordement
Transport	le transport
Transport (to)	transporter
Transport company	la compagnie de transport
Transporter	le transporteur
Truck	le camion
Truck (to)	camionner (transporter par camion)/conduire un camion
Trucking	le transport routier
Van	la fourgonnette/la camionnette/le fourgon
Union	le syndicat
Union representative	le représentant syndical
Unload (to)	décharger

| Warehouse | l'entrepôt (*m.*) |
| Yard | le dépôt/la cour/le yard (*unit of measure* = 0.9144 meter) |

TELECOMMUNICATIONS*

Analog	analogue
Bandwidth	la largeur de bande
Baud	le baud
Cable	le cable
Capacity	la capacité
Cellular	cellulaire
Cellular phone	le (telephone) portable/le cellulaire
Data	les données (*f.pl.*)
Data transmission	la transmission des données
Dedicated line	la ligne spécialisée
Digital	digital(e)
Downlink	la connexion
DSL line	la ligne DSL
E-commerce	le commerce électronique
E-mail	l'e-mail (*m.*)/le courriel
Fax/Facsimile	le fax/facsimile
Fiber optical line	la ligne à fibres optiques
Hertz	hertz
High speed	la vitesse élevée
Identification number (ID number)	le numéro d'identification
Internet	l'internet (*m.*)/le net
Internet Service Provider (ISP)	le pourvoyeur d'accès internet/Internet Service Provider (ISP)
Intranet	l'intranet (système interne) (*m.*)
Keyboard	le clavier
Keypad	le clavier numérique/le pavé numérique

* See also Computer Systems under Functional Areas of a Company in Chapter 5.

Line	la ligne
Link	le link/le lien
Liquid-crystal display	l'affichage à cristaux liquids (*m.*)
Local Area Network (LAN)	le réseau local
Local call	l'appel local (*m.*)
Long distance call	l'appel interurbain/ international (*m.*)
Megahertz	megahertz
Menu	le menu
Mobile phone	le (téléphone) portable
Modem	le modem
Network	le réseau
Palmtop	l'ordinateur Palmtop (*m.*)
Password	le mot de passe
Personal digital assistant (PDA)	le PDA/le Palmtop
Phone line	la ligne téléphonique
Resolution	la résolution
Satellite	le satellite
Security	la sécurité
Server	le serveur
Telecommunications	les télécommunications (*f.pl.*)
Telegram	le télégramme
Telephone	le téléphone
Transmission	la transmission
Transmit (to)	transmettre
Uplink	la liaison montante
Video conferencing	la vidéoconférence
Voice and data transmission	la transmission de la voix et des données
Voice mail	la messagerie vocale
Web	le web/la toile mondiale
Web page	la page web
Web site	le site web
Wireless	sans fil/radiophonique
World Wide Web (WWW)	le web/la toile mondiale (WWW)

TEXTILES

Acidity	l'acidité (*f.*)
Acrylic	acrylique
Alkalinity	l'alcalinité (*f.*)
Apparel	les vêtements (*m.pl.*)
Artist	l'artiste (*m./f.*)
Braided	tressé(e)
Braids	les tresses (*f.pl.*)
Brocade	le brocart
Cloth	le tissu/le chiffon
Clothing	les vêtements (*m.pl.*)/l'habillement (*m.*)
Color	la couleur
Composite fabric	l'étoffe composite (*f.*)
Conventional method	la méthode conventionnelle
Converter	le convertisseur
Cotton	le coton
Crimp (to)	plisser
Cut (to)	couper
Cutting room	la salle de coupe
Damask	le damas/damassé(e) (*adj.*)/vieux rose (*color*)
Defect	le défaut
Design	la création
Dry-cleaning	le nettoyage à sec
Dye	la teinture
Dye (to)	teindre
Dyeing	la teinture
Elasticity	l'élasticité (*f.*)
Elongation	l'élongation (*f.*)
Embroidered	brodé(e)
Engineer	l'ingénieur(e)
Fabric	le tissu
Fastness (of finishes and colors)	la solidité/la durabilité
Felt	le feutre
Fiber	la fibre

Fiber masses	les masses des fibres (*f.pl.*)
Fineness	la finesse
Finished cloth	l'habit fini (*m.*)
Flame-resistant	ignifugé(e)
Flax	le lin
Flexibility	la souplesse
Floral	floral(e)
Garment	l'habit (*m.*)/le vêtement
Geometric	géométrique
Hand finishing	la finition à la main
Insulation	l'isolation (*f.*)
Interlacing	l'entrelacement (*m.*)/ l'entrecroisement (*m.*)
Jute	la jute
Knit (to)	tricoter
Knitted	en tricot
Knitting	le tricot
Lace	la dentelle
Laundering	le lavage
Layer	la couche/l'épaisseur de vêtements (*m.*)
Length	la longueur
Licensing	la réglementation
Linen	le lin
Loom	le métier à tisser
Machinery	les machines (*f.pl.*)
Man-made fiber	la fibre synthétique
Manufacture	la manufacture
Manufacturing operations	le procédé de manufacture
Moisture absorption	l'absorption de l'humidité (*f.*)
Natural fiber	la fibre naturelle
Needle	l'aiguille (*f.*)
Needle-woven	tissé(e) à la main
Net	le filet
Newer construction methods	les nouvelles méthodes de fabrication (*f.pl.*)
Nylon	le nylon
Ornament	l'ornement (*m.*)/la décoration

Pattern	le dessin/le motif
Polyester	le polyester
Polyester filament	le fil en polyester
Porosity	la porosité
Printed	imprimé(e)
Printing	l'impression (f.)
Processing	le traitement
Production	la production
Quality control	le contrôle de qualité
Quality label	le label de qualité
Rayon	la rayonne
Reaction to heat/sunlight/ chemicals	la réaction à la chaleur/au soleil/aux produits chimiques
Resistance to creases	la résistance aux plis
Resistance to pests	la résistance aux insectes
Rug	le plaid/la couverture
Sew (to)	coudre
Sewing	la couture
Silk	la soie
Silk-screening	la sérigraphie
Spandex	le spandex
Specialization	la spécialisation
Spinning	le filage/à filer
Stable-fiber	la fibre stable
Strength	la solidité
Structure	la structure
Synthetic fabric	le tissu synthétique
Synthetic fiber	la fibre synthétique
Tapestry	la tapisserie
Technician	le (la) technicien(ne)
Testing	le testing
Texture	la texture
Thread	le fil
Trademark	la marque de fabrique
Traditional	traditionnel(le)
Treat (to)	traiter
Uniform thickness	l'épaisseur uniforme (f.)

Velvet	le velours
Volume of production	le volume de production
Water-repellent	imperméable
Weave	le tissage
Weave (to)	tisser
Weave and yarn structure	la structure du tissage et du fil
Weaving	le tissage
Weight per unit area	le poids par unité de surface
Width	la largeur
Wool	la laine
Worsted	le tissu en laine peignée/en laine peignée
Woven	tissé(e)
Yarn	le fil
Yard	le yard (*unit of measure = 0.9144 meter*)

TOYS

Action figure	le personnage d'action
Activity set	le coffret de jeux
Age compression	le développement plus précoce
Airplane	l'avion (*m.*)
Animal	l'animal (*m.*)
Articulation	l'articulation (*f.*)
Art supplies	les fournitures pour beaux-arts (*f.pl.*)
Ball	la balle
Battery	la pile
Blocks	les blocs de bois (*m.pl.*)
Board game	le jeu de société (à damier)
Boat	le bateau
Brand-name toy	le jouet de marque déposée
Building blocks	les blocs de construction (*m.pl.*)
Building toy	le jouet de construction
Car	la voiture

Character	le personnage
Chemistry set	le coffret de jeune chimiste
Child(ren)	l'enfant/les enfants
Clay	la terre glaise/l'argile (f.)
Computer game	le jeu informatique
Creator	le créateur
Doll	la poupée
Educational software	le logiciel éducatif
Frisbee	le frisbee
Fun	le plaisir
Fun (to have)	avoir du plaisir/s'amuser
Game	le jeu
Glue	la colle
Hobbyhorse	le cheval de bataille (bâton emmanché d'une tête de cheval en bois)
Hobby kit	le coffret pour hobbies
Hoop	le cerceau
Infant toy	le jouet de bébé
Kaleidoscope	le kaléidoscope
Kit	la trousse/le kit
Kite	le cerf-volant
Letter	la lettre
Marbles	les billes (f.pl.)
Microscope	le microscope
Mobile	le mobile
Model	le modèle
Musical toy	le jouet musical
Novelty	la nouveauté
Part	la rôle
Peg-Board	le panneau alvéolé
Picture book	le livre d'images
Plastic	le plastique/plastique (adj.)
Play	la pièce
Play (to)	jouer
Playing	le jeu
Playing cards	cartes à jouer (f.pl.)
Plush toy	le jouet en peluche

Preschool toy	le jouet d'école maternelle
Puppet	la marionnette
Puzzle	le puzzle
Railroad	le chemin de fer
Rattle	le hochet
Reissue	la réédition
Riding toy	le jouet à chevaucher
Rocket	la fusée
Rubber	le caoutchouc
Science set	le coffret de jeune scientifique
Soldier	le soldat
Sports equipment	l'équipement de sport (*m.*)
Stuffed animal	l'animal en peluche (*m.*)
Stuffed toy	le jouet en peluche
Teddy bear	l'ours (*m.*)
Top	la toupie
Trading cards	les cartes d'échange (*f.pl.*)
Train	le train
Vehicle	le véhicule
Video game	le jeu vidéo
Wagon	le wagon
Wood	le bois
Woodburning set	le coffret avec poêle à bois
Yo-yo	le yo-yo

WATCHES, SCALES, AND PRECISION INSTRUMENTS

Analog	analogue
Apparatus	l'appareil (*m.*)
Balance	la balance
Battery	la pile
Brass	le laiton/le cuivre jaune
Chain	la chaîne
Chronograph	le chronographe
Clock	l'horloge (*f.*)
Coil	la structure en spirale
Digital	digital(e)

Display	l'affichage (*m.*)
Friction	la friction
Gear	la roue dentée
Gold	l'or (*m.*)
Instrument	l'instrument (*m.*)
Integrated circuit	le circuit intégré
Jewel(s)	le(s) bijou(x)
Laboratory	le laboratoire
Laser	le laser
Mainspring	le ressort principal
Measurements	les measures (*f.pl.*)
Mechanism	le mécanisme
Miniature	miniature (*adj.*)
Miniaturization	la miniaturisation
Motion	le mouvement
Movement	le mouvement
Optical	optique
Oscillate (to)	osciller
Oscillation	l'oscillation (*f.*)
Pin	le goujon
Pivot	le pivot
Polished	poli(e)
Precision	la précision
Scale	l'échelle (*f.*)
Self-winding	à remontage automatique
Shaft	l'axe (*m.*)
Silver	l'argent (*m.*)
Spring	le ressort
Spring-driven	à ressort
Steel	l'acier (*m.*)
Stopwatch	le chronomètre
Time	le temps
Time (to)	chronométrer
Timepiece	la montre/l'horloge (*f.*)
Torque	le moment de torsion
Transistor	le transistor
Watch	la montre
Weight	le poid

Wheel	la roue
Wristwatch	la montre-bracelet

WINE

Acidity	l'acidité (*f.*)
Age (to)	vieillir
Aging	le vieillissement
Alcohol	l'alcool
Aroma	l'arôme
Barrel	le tonneau
Bordeaux	le bordeaux
Bottle	la bouteille
Bottle (to)	mettre en bouteille
Bottled	mis en bouteille
Brandy	le brandy
Bubbles	les bulles (*f.pl.*)
Burgundy	le bourgogne
Cabernet sauvignon	le cabernet sauvignon
Cask	le fût/le tonneau
Cellar	la cave
Champagne	le champagne
"Character" of the wine	le caractère du vin
Chardonnay	le chardonnay
Chianti	le chianti
Clarify (to)	coller (le vin)
Climate	le climat
Color	la couleur
Cool	frais (fraîche)
Cork	le bouchon/le liège
Cork (to)	boucher (une bouteille)
Crush (to)	écraser
Crusher	l'écraseur (*m.*)/le pressoir
Drink (to)	boire
Dry	sec (sèche)
Estate	la propriété/le domaine
Ferment (to)	fermenter
Fermentation	la fermentation
Flavor	le goût

Flavor (to)	parfumer
Flavored wine	le vin parfumé
Fortified wine	le vin doux/le vin de liqueur
Grape	le raisin
Grow (to)	cultiver
Harvest	la récolte
Herb	l'herbe (*f.*)
Humidity	l'humidité (*f.*)
Label	l'étiquette (*f.*)
Label (to)	etiqueter
Merlot	le merlot
Must	le moût
Oak	le chêne
Pinot noir	le pinot noir
Port	le porto
Precipitate	le précipité
Pulp	la pulpe
Red wine	le vin rouge
Refine (to)	raffiner
Refrigerate (to)	réfrigérer
Refrigeration	la réfrigération
Region	la région
Riesling	le riesling
Rosé wine	le vin rosé
Seed	le graine
Sherry	le sherry
Soil	le sol
Sparkling wine	le vin pétillant
Store (to)	entreposer/garder
Sugar	le sucre
Sweet	doux (douce)
Table wine	le vin de table
Tank	la cuve
Taste (to)	goûter
Tasting	la dégustation
Varietal	le variétal
Vermouth	le vermouth
Vine	la vigne

Vineyard	le vignoble
Vinifera grapes	le raisin vinifera
Vintage	le millésime/millésimé(e) (*adj.*)/vieux (vieille) (*adj.*)
White wine	le vin blanc
Wine	le vin
Winery	l'entreprise vinicole (*f.*)
Yeast	la levure

GENERAL GLOSSARY:
English–French*

A

Accent	l'accent (*m.*)
Accept (to)	accepter
Acceptable	acceptable
Accountability	la responsabilité
Accounting	la comptabilité
Accounts payable	le compte de créditeur
Accounts receivable	les comptes clients
Activity	l'activité
Ad	la publicité/la pub
Address	l'adresse (*f.*)
Administration	l'administration (*f.*)
Administrative assistant	l'assistant(e) administratif (-ve)
Admission	l'admission (*f.*)
Agenda	l'agenda (*m.*)
Agree (to)	accepter
Agreement	l'accord (*m.*)
Airport	l'aéroport (*m.*)
Airport shuttle	la navette pour l'aéroport
American	américain(e)
Amusement	l'amusement (*m.*)/le divertissement
Amusement park	le parc d'attractions
Answer	la réponse
Answer (to)	répondre
Answering machine	le répondeur téléphonique
Apology	l'excuse (*f.*)
Appointment	le rendez-vous
Appraise (to)	estimer
Aqua	aqua (couleur)

---

* The following abbreviations are used in the glossary: *m.* for masculine; *f.* for feminine; *adj.* for adjective; *fig.* for figurative usage.

Arc	l'arc (*m.*)
Area	la surface
Argue (to)	discuter/soutenir (que)/se disputer
Arrow	la flèche
Art	l'art (*m.*)
Art gallery	la galerie d'art
Article	l'article (*m.*)
Ask (to)	demander
Associate	l'associé(e)
Asterisk	l'astérisque (*m.*)
Attached	ci-joint(e)
Attention	l'attention (*f.*)
Audio	audio
Audit	l'audit (*m.*)
Audit (to)	auditer/vérifier
Authority	l'autorité (*f.*)
Authorize (to)	l'auto (*m.*)
Auto	

B

Background	le background/le milieu/le contexte/l'arrière-plan/le fond/la formation (*m.*)
Badge	le badge
Bag	le sac
Balcony	le balcon
Ballet	le ballet
Bar	le bar
Bar chart	l'histogramme (*m.*)
Bargain (to)	marchander
Basketball	le basketball
Bathroom	la salle de bains
Bed	le lit
Begin (to)	commencer
Beginning	le commencement
Behavior	le comportement
Bell curve	la courbe en cloche

Benefits	les avantages sociaux (*m.pl.*)
Bill	la facture
Bill of sale	l'acte de vente (*m.*)
Bin	la corbeille
Black	noir(e)
Blackboard	le tableau noir
Blank	blanc (blanche)/vierge (*cassette*)
Blouse	la blouse
Blue	bleu(e)
Board	le tableau
Bold	en caractères gras/intrépide
Bond	l'obligation (*f.*)
Bonus	le bonus/la prime
Book	le livre
Bookmark	le signet
Booth	le stand (d'exposition)
Boss	le chef
Bottom	le bas
Box	la boîte
Box seat	le siège dans une loge (*theater*)
Breakfast	le petit déjeuner
Brochure	la brochure
Brown	brun(e)
Buffet	le buffet
Building	l'immeuble (*m.*)
Bus	le bus
Business	les affaires (*f.pl.*)
Business card	la carte de visite
Business center	le centre d'affaires
Busy	occupé(e)
Buy (to)	acheter

C

Cabinet	le petit placard/le cabinet
Café	le café
Cake	le gâteau

Calculus	le calcul
Calendar	le calendrier
Call (to)	appeler
Calling card	la carte téléphonique
Camera	l'appareil photo (*m.*)
Capability	la capacité/l'aptitude (*f.*)
Car	la voiture
Career	la carrière
Car phone	le téléphone mobile
Cash	l'argent liquide (*m.*)
Cash a check (to)	encaisser un chèque
Cat	le chat
Cellular phone	le téléphone portable/le cellulaire
Center	le centre
Central	central(e)
Centralization	la centralisation
Central office	le bureau central
Central thesis	la thèse centrale
Certified check	le chèque certifié
Certified mail	l'envoi recommandé (*m.*)
Chair	la chaise/le président
Chairman	le président
Chairperson	le président/la présidente
Chairwoman	la présidente
Chalk	la craie
Change (to)	changer
Chart	le graphique/le tableau
Check	le chèque/la vérification
Check (to)	vérifier
Check in (to)	faire les formalités d'enregistrement
Chicken	le poulet
Child	l'enfant (*m.*)
Children	les enfants
Church	l'église (*f.*)
Cigar	le cigare
Cigarette	la cigarette

Circle	le cercle
City	la ville
Classical music	la musique classique
Classroom	la salle de classe
Clear (to)	enlever/dégager
Clock	l'horloge (*m.*)
Close (to)	fermer
Clothing	l'habillement (*m.*)
Cloudy	nuageux(-euse)
Coach (to)	entraîner/enseigner
Coaching	l'entraînement (*m.*)/les cours particuliers (*m.pl.*)
Coat	le manteau
Cocktail	le cocktail
Cocktail party	la réception/le cocktail
Coffee	le café
Cold	froid(e)
Cold call	la visite sans préavis/l'appel d'un démarcheur (*m.*)
Color	la couleur
Color monitor	le moniteur couleur
Column	la chronique/la colonne
Comedy	la comédie
Communicate (to)	communiquer
Communication	la communication
Compensate (to)	compenser
Compensation	la compensation
Compete (to)	être en compétition
Competition	la compétition
Competitive price	le prix compétitif
Computer	l'ordinateur (*m.*)
Computer cable	le câble d'ordinateur
Computer disk	le disque d'ordinateur
Computer monitor	le moniteur d'ordinateur
Concert	le concert
Concert hall	la salle de concert
Concierge	le concierge
Conference	la conférence

Conference call	la téléconférence
Conference center	le centre de conférences
Confirm (to)	confirmer
Confirmation	la confirmation
Conflict	le conflit
Connection	la connection
Consult (to)	consulter
Consultant	le consultant
Contact (to)	contacter
Contract	le contrat
Contractual obligation	l'obligation contractuelle (*f.*)
Converter	le convertisseur
Convince (to)	convaincre
Cool	frais, fraîche
Co-owner	le (la) co-propriétaire
Copartner	le (la) co-associé(e)
Copier	la photocopieuse
Copy	la copie/la photocopie
Copyright	le copyright/le droit d'auteur
Corner office	le bureau d'angle
Cost	le coût
Country	le pays
Course	le cours
Cover	la couverture
Cream	la crème
Crosshatched	hachuré(e)
Cultural	culturel(le)
Culture	la culture
Curve	la courbe
Customer	le (la) client(e)
Customer service	le service clients
Customs	la douane
Cyberspace	le cyber-espace

D

Dais	le dais
Dash	le trait d'union (*f.pl.*)
Data	les données (*f.pl.*)

Database	la base de données
Date	la date
Daughter	la fille
Day	le jour
Deadline	le délai/la date limite
Deal	l'accord (*m.*)/l'affaire (*f.*)
Decentralization	la décentralisation
Decide (to)	decider/ prendre une (des) décision(s)
Decision	la décision
Deferred compensation	la compensation différée
Delivery	la livraison
Delivery date	la date de livraison
Demonstrate (to)	démontrer
Demonstration	la démonstration
Department	le département
Design	la conception/la création
Desk	la table/le bureau
Diagram	le diagramme
Diagram (to)	faire un diagramme
Dial	le cadran
Dial (to)	composer un numéro
Dialogue	le dialogue
Dinner	le dîner
Direct (to)	diriger
Directions	les indications / les instructions
Direct line	la ligne directe
Director	le directeur
Directory	l'annuaire (*m.*)
Disco	la disco
Discuss (to)	discuter
Discussion	la discussion
Display	l'affichage (*m.*)
Display (to)	afficher
Distribute (to)	distribuer
Distribution	la distribution
Doctor	le médecin

Document	le document
Dog	le chien
Dollar	le dollar
Door	la porte
Dotted line	la ligne pointillée
Download (to)	télécharger
Down payment	l'acompte (*m.*)
Downsize (to)	réduire les effectifs
Drama	le drame
Due	dû, due

E

Earlier	plus tôt
Early	tôt
Easel	le chevalet
Edge	le bord
Eight	huit
Electrical line	la ligne électrique
Electricity	l'électricité (*f.*)
Ellipse	l'ellipse (*f.*)
E-mail	l'e-mail (*m.*)/le mèl/le courriel
Enclosure	le document joint/la pièce jointe/incluse/annexée
Encourage (to)	encourager
End	la fin
End (to)	finir
Engineer	l'ingénieur(e)
English	l'anglais/anglais(e)
Enjoy (to)	aimer/prendre plaisir (à)
Enterprise	l'entreprise (*f.*)
Entrance	l'entrée
Entrepreneur	l'entrepreneur (*m.*)
Entrepreneurial	dans l'esprit d'entreprise
Envelope	l'enveloppe (*f.*)
Erase (to)	effacer
Eraser	la gomme
Espresso	l'espresso (*m.*)
Evening	la soirée

Excel software	le logiciel Excel
Exhibit	l'exposition (*f.*)/la pièce à conviction (*legal*)
Exhibit (to)	exposer
Exit	la sortie
Exit (to)	sortir
Expenses	les dépenses (*f.pl.*)/les frais (*m.pl.*)
Experience	l'expérience (*f.*)
Exponential	exponentiel(le)
Export (to)	exporter
Extension	la prorogation/la prolongation/l'extension (*f.*)/le poste supplémentaire/ la rallonge
Extension cord	la rallonge

F

Facilitate (to)	faciliter
Facilitator	le modérateur/le facilitateur
Fall (season)	l'automne (*m.*)
Family	la famille
Fax	le fax/la télécopie
Fax (to)	faxer/envoyer par télécopie
Feedback	le feedback
Feedback (to provide)	donner un feedback/les impressions/les réactions
Ferry	le ferry/le bac
File	le fichier
File (to)	classer
File cabinet	le classeur à tiroirs
Film	le film
Finance	la finance
Finance (to)	financer
Financial figures	les chiffres financiers (*m.pl.*)
Financial report	le rapport financier
Find (to)	trouver
Findings	les conclusions (*f.pl.*)

First	le (la) premier (-ière)
Fish	le poisson
Five	cinq
Flat-panel display	l'affichage sur panneau plat (*m.*)
Flight	le vol (en avion)
Flower	la fleur
Folder	le dossier
Follow up (to)	suivre/donner suite
Food	la nourriture
Football	le football américain
Foreman	le contremaître
Forward (to)	faire suivre
Found	trouvé(e)
Four	quatre
Front	le devant/l'avant (*m.*)

G

Gain (to)	gagner/prendre
Gallery	la galerie
Gate	le portail
Geometry	la géométrie
Give (to)	donner
Glass	le verre
Goal	le but
Good	bon(ne)
Good-bye	au revoir
Goods	la marchandise
Grandparents	les grands-parents (*m.pl.*)
Grant	la bourse (*education*)/la subvention
Graph	le graphique
Graph (to)	tracer le graphique
Green	vert(e)
Grid	la grille/le quadrillage
Guarantee	la garantie
Guarantee (to)	garantir
Guard	le garde (*person*)/la garde

H

Handout	le document (distribué)
Hang up (to)	raccrocher (le téléphone)
Hat	le chapeau
Heading	le titre
Health	la santé
Hello	bonjour
Help (to)	aider
Helpful	utile
Histogram	l'histogramme (*m.*)
History	l'histoire (*f.*)
Hobby	le hobby/le passé-temps
Hold (to)	tenir
Home page	la page d'acueil/la home page
Hope (to)	espérer
Horizontal	horizontal(e)
Horizontal bar chart	l'histogramme horizontal (*m.*)
Horse	le cheval
Hot	chaud(e)
Hotel	l'hôtel (*m.*)
Hour	l'heure (*f.*)
House	la maison
Human resources	les ressources humaines (*f.pl.*)
Husband	le mari
Hypertext	le hypertexte

I

Ice cream	la glace
Idea	l'idée (*f.*)
Illustrate (to)	illustrer
Illustration	l'illustration (*f.*)
Import (to)	importer
Individual	individuel(le)
Inform (to)	informer
Information	l'information (*f.*)
Information desk	la réception
Inside	à l'intérieur

Insight	l'aperçu (*m.*)/la perspicacité/la compréhension
Install (to)	installer
Installation	l'installation (*f.*)
Insurance	l'assurance (*f.*)
Intelligence	l'intelligence (*f.*)
Intelligent	intelligent(e)
International	international(e)
International law	la législation internationale
Internet	l'internet (*m.*)
Interview	l'entretien (*m.*)
Interview (to)	passer un entretien/faire passer un entretien
Introduce (to)	présenter
Introduction	la présentation/l'introduction (*f.*)
Inventory	l'inventaire (*m.*)
Invest (to)	investir
Investment	l'investissement (*m.*)
Invoice	la facture
Invoice (to)	envoyer une facture
Issue (to)	distribuer/publier
Item	l'article (*m.*)/le point

J

Jazz	le jazz
Jazz club	le club de jazz
Jewelry	les bijoux (*m.pl.*)
Job	le travail
Joke	la plaisanterie
Joke (to)	plaisanter

K

Karate	le karaté
Key issue	le point-clé/l'enjeu fondamental (*m.*)

| Know (to) | savoir |
| Knowledge | la connaissance |

L

Label	l'étiquette (*f.*)
Label (to)	etiqueter
Ladies' room	les toilettes dames (*f.pl.*)
Language	la langue
Laptop computer	l'ordinateur portable (*m.*)
Last	dernier(-ière)
Late	tard/en retard/tardif (-ive) (*adj.*)
Later	plus tard
Law	la loi
Lawsuit	le procès
Lawyer	l'avocat(e)
Layout	la mise en page/la présentation
Lead (to)	mener
Leader	le leader/le chef
Leadership	les dirigeants (*m.pl.*)/la direction
Leading	de premier plan/principal(e) (*adj.*)
Learn (to)	apprendre
Left	gauche/à gauche
Legal	légal(e)
Legal costs	les frais juridiques (*m.pl.*)
Letter	la lettre
Liability	la responsabilité
Library	la bibliothèque
Light	la lumière
Lightbulb	l'ampoule électrique (*f.*)
Like (to)	aimer
Limousine	la limousine
Line	la ligne
Linear	linéaire

Line graph	le graphique linéaire
Link	le lien/le link
List (to)	énumérer, faire/dresser une liste
Listen (to)	ecouter
Literature	la littérature
Local	local(e)
Local call	l'appel local (*m.*)
Location	l'emplacement (*m.*)
Logarithmic scale	l'échelle logarithmique (*f.*)
Logo	le logo
Log off (to)	se déconnecter
Log on (to)	se connecter
Long-distance	longue distance (*adj.*)
Long-distance call	l'appel international/ interurbain (*m.*)
Look (to)	regarder
Lotus 1-2-3 software	le logiciel Lotus 1-2-3
Luggage	les bagages (*m.pl.*)
Lunch	le déjeuner
Luncheon	le déjeuner

M

Magazine	le magazine/la revue
Mail	le courrier
Mail (to)	envoyer/expédier
Mailing list	la liste d'adresses
Mail order	la commande par correspondance
Mainframe computer	l'ordinateur central (*m.*)
Make (to)	faire
Manage (to)	diriger/arriver (à)
Management	la direction/le management
Manager	le manager/le directeur
Map	le plan
Marker	le marqueur
Market	le marché
Market (to)	commercialiser/vendre/lancer sur le marché

Marketing	le marketing
Marketing report	le rapport de marketing
Market value	la valeur marchande/la valeur d'échange
Materials	le matériel
Mathematics	la mathématique
Maximum	le maximum/maximum (*adj.*)
Maybe	peut-être
Meat	la viande
Media	les médias
Mediate (to)	négocier (*m.pl.*)/arbitrer
Meet (to)	rencontrer
Meeting	la réunion
Memo	le mémo
Men's room	les toilettes messieurs (*f.pl.*)
Mentor	le mentor
Mentoring	être le/un mentor pour quelqu'un
Menu	le menu
Message	le message
Message center	le centre de messagerie
Mezzanine	la mezzanine
Microphone	le microphone/le micro
Middle	le milieu
Milk	le lait
Mineral water	l'eau minérale (*f.*)
Minimize (to)	micromiser
Minimum	le minimum/minimum (*adj.*)
Minute	la minute
Mission	la mission
Model	le modèle/le mannequin (*man or woman*)
Modem	le modem
Money	l'argent (*m.*)
Monitor	le moniteur
Month	le mois
Morning	le matin

Mosque	la mosquée
Move (to)	bouger/déménager
Movie	le film
Multimedia	multimédia
Museum	le musée
Music	la musique
Musical	la comédie musicale/ musical(e) (*adj.*)

N

Name	le nom
Name (to)	nommer
Need (to)	avoir besoin (de)
Negotiate (to)	négocier
Negotiating	la négociation (*f.*)
Network	le réseau
New	nouveau, nouvelle
News	les nouvelles (*f.pl.*)
Newsstand	le kiosque à journaux
Night	la nuit
Nine	neuf
No	non
Note	la note
Note (to)	remarquer/noter
Note pad	le bloc-notes
Number	le numéro
Nurse	l'infirmier(-ière)

O

Object	l'objet (*m.*)
Objective	l'objectif/impartial(e) (*adj.*)
Offer (to)	offrir
Office	le bureau
Officer	l'officier (*m.*)/le responsable/ le fonctionnaire
Okay (to)	donner le feu vert/donner son accord

One	un(e)
Online	online/connecté(e)/en ligne
Online service	service online/en ligne
On/Off	on/off; enclenché(e)/ déclenché(e); allumé(e)/ éteint(e)
Open (to)	ouvrir
Opera	l'opéra (*m.*)
Operate (to)	faire marcher/gérer
Operating system	le système d'exploitation
Operations	les activités (*f.pl.*)/ l'exploitation
Operator	le/la standardiste/ l'opérateur/l'entrepreneur
Option	l'option (*f.*)
Orange	l'orange (*f.*) (*fruit*)/orange (*color*)
Orchestra	l'orchestre (*m.*)
Organization	l'organisation (*f.*)
Organization chart	le tableau d'organisation
Organize (to)	organiser
Orientation	l'orientation (*f.*)
Origin	l'origine (*f.*)
Outside	dehors/hors de
Overhead projector	le rétroprojecteur

P

Package	le paquet
Package (to)	empaqueter/emballer
Page	la page/l'appel par haut- parleur (*m.*)
Page (to)	appeler par haut-parleur
Pager	le récepteur d'appel
Paper	le papier
Parent(s)	le(s) parent(s)
Park	le parc
Part	la part

Participant	le (la) participant(e)
Participate	participer
Partner	l'associé(e)
Passport	le passeport
Password	le mot de passe
Past due	après la date d'échéance
Patent	le brevet
Pause (to)	faire une pause/s'arrêter
Payment	le paiement
Peer	le pair
Pencil	le crayon
Pension	la pension/la retraite
Percentage	le pourcentage
Personnel	le personnel/personnel(le) (adj.)
Pet	l'animal domestique (m.)
Philosophy	la philosophie
Phone	le téléphone
Phone (to)	téléphoner (à)/appeler
Phone call	l'appel téléphonique (m.)/le coup de téléphone
Photocopy	la photocopie
Photograph	la photographie
Picture	l'image (f.)/la photographie
Pie	la tarte
Pie chart	le diagramme circulaire sectorisé
Ping-Pong	le ping-pong
Place (to)	placer
Plan (to)	planifier
Play	la pièce (de théâtre)
Play (to)	jouer
Please	s'il vous plaît
Podium	le podium/l'estrade (f.)
Point	le point
Point (to)	indiquer/montrer
Pointer	l'indication (f.)/la flèche (lumineuse)

Policeman	le policier/l'agent de police (*m.*)
Policy/policies	le(s) règlement(s)
Polygon	le polygone
Pork	le porc
Portable	portable
Portable phone	le téléphone portable
Portal	le portail
Porter	le porteur
Position	la position/le titre
Post office	le bureau de poste
Postpone (to)	remettre à plus tard/remettre à une date ultérieure/reporter
Pound key	la touche dièse
Pound sign	le signe dièse
PowerPoint presentation	la présentation PowerPoint
Present (to)	présenter
Presentation	la présentation
President	le (la) president(e)
Price	le prix
Print (to)	imprimer
Printer	l'imprimante (*f.*)
Problem	le problème
Problem solving	la solution de(s) problème(s)
Procedure	la procédure(s)
Process	le processus/le procédé
Procure (to)	procurer/causer
Produce (to)	produire
Product	le produit
Production	la production
Program	le programme
Promotion	la promotion
Property	la propriété
Proposal	la proposition
Propose (to)	proposer
Provide (to)	fournir

Purchasing agent	l'acheteur (-euse)/l'acquéreur (*m./f.*)
Purple	violet(te)
Purpose	le but/la résolution

Q

Quality	la qualité
Quality control	le contrôle de qualité
Query	la question/le point d'interrogation
Question	la question
Question (to)	questionner/remettre en question
Q&A	questions et réponses
Quiet	tranquille/silencieux(-ieuse)

R

Rain	la pluie
Rainy	pluvieux (-ieuse)
Rare	rare; saignant(e) (*steak*)
Reboot	réinitialiser
Receive (to)	recevoir
Receiver	le récepteur (*object*)/le receveur (*person*)
Reception	la réception
Receptionist	le (la) réceptionniste
Recommend (to)	recommander
Recommendation	la recommandation
Reconsider (to)	reconsidérer
Record	le record/le disque
Record (to)	enregistrer (*m.*)
Recording	l'enregistrement
Rectangle	le rectangle
Red	rouge
Redial (to)	recomposer (un numéro)
Reference	la référence
Reference (to)	faire référence (à)
Referral	le renvoi

Refreshments	les rafraîchissements (m.)
Refund	le remboursement
Register (to)	s'inscrire/inscrire
Regression	la régression
Regression line	la ligne de régression
Rehearse	répéter
Reject (to)	rejeter
Rent	le loyer
Rent (to)	louer
Reorganize (to)	réorganiser
Reply	la réponse
Reply (to)	répondre
Report	le rapport
Request (to)	demander
Reservation	la réservation
Reserve (to)	réserver
Reserved	réservé(e)
Rest room	les toilettes (f.pl.)
Restaurant	le restaurant
Result	le résultat
Resume (to)	réprendre
Return (to)	revenir
Reveal (to)	révéler
Right	droit(e)/à droite
Right angle	l'angle droit (m.)
Risk	le risque
Risk (to)	risquer
Room	la chambre
Row	la rangée/le rang
Rugby	le rugby

S

Salary	le salaire
Sale(s)	la (les) vente(s)
Sales call	l'appel d'un démarcheur (m.)
Sales report	le rapport de ventes
Sales tax	la taxe à l'achat
Say (to)	dire

Scale	la balance/l'échelle (*f.*) (*fig.*)
Scatter diagram	le diagramme de dispersion
Schedule	l'horaire (*m.*)
Science	la science/les sciences
Science fiction	la science-fiction
Screen	l'écran (*m.*)
Scuba diving	la plongée sous-marine
Search engine	le moteur de recherche
Season	la saison
Second	deuxième/le (la) deuxième
Secretary	le (la) secrétaire
See (to)	voir
Sell (to)	vendre
Selling	la vente
Seminar	le séminaire
Send (to)	envoyer
Server	le serveur
Service	le service
Set up (to)	installer, configurer (*computers*)/préparer/ s'établir
Seven	sept
Shaded	ombragé(e)/hachure(e)
Shadow	l'ombre (*f.*)
Ship (to)	expédier
Shipment	l'envoi (*m.*)
Shipping center	le centre d'expédition
Shoe	la chaussure
Show (to)	montrer
Sightsee (to)	faire du tourisme
Sign (to)	signer
Six	six
Ski (to)	faire du ski
Skill(s)	l'aptitude (*f.*) (les aptitudes)/la (les) capacité(s)
Skirt	la jupe
Slice	la tranche
Slide	la diapositive

Slide projector	le projecteur pour diapositives
Snack	le snack/l'en-cas (*m.*)
Snow	la neige
Snowy	enneigé(e)
Soccer	le football
Sock	la chaussette
Software	le logiciel
Solid	solide
Solid line	la ligne pleine
Solve (a problem) (to)	résoudre (un problème)
Son	le fils
Sound system	le système acoustique
Souvenir	le souvenir
Space	l'espace (*m.*)
Speak (to)	parler
Speaker	le conférencier
Special delivery	la livraison spéciale
Specialty	la spécialité (*f.pl.*)
Specifications	les specifications (*f.pl.*)/les stipulations (*f.pl.*)
Speech	le discours
Sports	le(s) sport(s)
Spring	le printemps
Square	carré(e) (*adj.*)/la place
Stack	la pile
Star	l'étoile (*f.*)
Start	commencer/le début
Steak	le steak
Stock	l'ensemble du capital ou des actions d'une société (*m.*)/le stock
Stockholder	l'actionnaire (*m./f.*)
Stockings	les bas (*m.pl.*)
Stock option	l'option d'achat de titres (*f.*)
Stop	arrêter/s'arrêter
Street	la rue
Stress	le stress

Style	le style
Subject	le sujet
Submit (to)	soumettre/présenter
Suit	le costume (*men*)/le tailleur (*women*)
Summer	l'été (*m.*)
Supervisor	le (la) responsable
Supply	les reserves (*f.pl.*)/ l'approvisionnement/ l'alimentation
Supply (to)	fournir
Support (to)	soutenir
Surcharge	la surcharge/la surtaxe
Surf the Web (to)	surfer le web
Switch	l'interrupteur (*m.*)/le changement
Switch (to)	changer
Switchboard	le central téléphonique/le standard
Synagogue	la synagogue
System	le système

T

Table	la table
Tailor	le tailleur
Talk (to)	parler
Tape recorder	le magnétophone
Taxes	les taxes (*f.pl.*)/les impôts (*m.pl.*)
Tax-exempt	exonéré(e) d'impôt
Taxi	le taxi
Tea	le thé
Team	l'équipe (*f.*)
Team-build	former une équipe
Technical support	le support technique
Telephone	le téléphone
Telephone directory	l'annuaire téléphonique (*m.*)
Telephone number	le numéro de téléphone

Telephone operator	l'opératrice (de standard téléphonique) (f.)
Television	la télévision
Temperature	la température
Ten	dix
Terminology	la terminologie
Text	le texte
Thank you	merci
Theater	le théâtre
Theory	la théorie
Thesis	la thèse
Three	trois
Three-dimensional/ 3-D chart	le graphique/tableau en trois dimensions
Ticket	le billet
Tie	la cravate
Time	l'heure (f.)
Time (to)	chronométrer
Title	le titre
Tobacco	le tabac
Today	aujourd'hui
Tomorrow	demain
Top	supérieur(e)/en haut
Tour	le tour/le circuit/la visite
Tour bus	l'autocar d'excursion (m.)
Town	la ville
Trade	le commerce
Trade (to)	faire du commerce/échanger
Trademark	la marque déposée
Trade show	le salon
Trade union	le syndicat de commerce
Train (to)	former
Training	la formation
Transact (to)	faire une transaction
Transaction	la transaction
Transfer (to)	transférer
Transparency	la transparence
Transportation	le transport

Transportation charges	les frais de transport (*m.pl.*)
Travel	le voyage
Travel (to)	voyager
Treasurer	le (la) trésorier(-iere)
Triangle	le triangle
Turn (to)	tourner
Two	deux
Type	le type
Type (to)	taper à la machine (ou sur clavier d'ordinateur)
Typewriter	la machine à écrire

U

Umbrella	le parapluie
Unacceptable	inacceptable
Underline	souligner
Understand (to)	comprendre
Understanding	la compréhension
Underwear	les sous-vêtements (*m.pl.*)
Union	le syndicat
United States (of America)	les États-Unis (d'Amérique)(*m.pl.*)
U-shaped	en (forme de) U
U-turn	le demi-tour/volte-face (*f.*)

V

Value	la valeur
Value (to)	evaluer/apprécier
Value added tax	la taxe à la valeur ajoutée (TVA)
Vegetable	le légume
Vegetarian	végétarien(ne)
Vertical	vertical(e)
Via	via/par
Vice president	le (la) vice-président(e)
Video	la video/vidéo (*adj.*)

Video (to)	enregister/filmer en vidéo
Video conferencing	la vidéo-conférence
Video recorder	le magnétoscope
Virtual reality	la réalité virtuelle
Vision	la vision
Voice mail	la messagerie vocale
Voice recognition	la reconnaissance vocale

W

Wait (to)	attendre
Waiting room	la salle d'attente
Want (to)	vouloir
Warm	chaud(e)
Warranty	la garantie
Watch (to)	regarder/surveiller
Water	l'eau (f.)
Weather	le temps
Web access	l'accès au web (m.)
Week	la semaine
Well	bien
Well-done	bien fait (job)/bien cuit(e) (steak)
Wife	la femme
Window	la fenêtre
Wine	le vin
Wine list	la carte des vins
Winter	l'hiver (m.)
WordPerfect software	le logiciel WordPerfect
Word software	le logiciel Word
Work (to)	travailler
Workbook	le cahier/le livre d'exercices
Workshop	le séminaire de travaux pratiques/l'atelier
Workstation	le poste de travail
World Wide Web	le web/la toile mondiale
Write (to)	écrire

X

| X-axis | l'axe des X (*m.*) |
| XY scatter | la dispersion XY |

Y

Y-axis	l'axe des Y (*m.*)
Yellow	jaune
Yes	oui
Yield	produire/céder
You're welcome	je vous en prie

Z

| Z-axis | l'axe des Z (*m.*) |
| Zoo | le zoo |

GENERAL GLOSSARY:
French–English

A

l'accent (*m.*)	Accent
acceptable	Acceptable
accepter	Accept (to)
accepter (de)	Agree (to)
l'accès au web (*m.*)	Web access
l'accord (*m.*)	Agreement/Deal
l'acompte (*m.*)	Down payment
acheter	Buy (to)
l'acheteur (-euse)	Purchasing agent/Buyer
l'acquéreur (*m./f.*)	Purchasing agent
l'acte de vente (*m.*)	Bill of sale
l'actionnaire (*m./f.*)	Stockholder
les activités (*f.pl.*)	Activities/Operations
l'administration (*f.*)	Administration
l'admission (*f.*)	Admission
l'adresse (*f.*)	Address
l'aéroport (*m.*)	Airport
l'affaire (*m.*)	Deal
les affaires (*f.pl.*)	Business
l'affichage (*m.*)	Display
l'affichage sur panneau plat (*m.*)	Flat-panel display
afficher	Display (to)
l'agenda (*m.*)	Agenda
aider	Help (to)
aimer	Like (to)/Enjoy (to)
à l'intérieur	Inside
allumé(e)/éteint(e)	On/Off
américain(e)	American
l'ampoule électrique (*m.*)	Lightbulb
l'amusement (*m.*)	Amusement
anglais(e)	English

l'angle droit (*m.*)	Right angle
l'animal domestique (*m.*)	Pet
l'annuaire (*m.*)	Directory
l'annuaire téléphonique (*m.*)	Telephone directory
l'aperçu (*m.*)	Insight
l'appareil photo (*m.*)	Camera
l'appel d'un démarcheur (*m.*)	Sales call/Cold call
l'appel international/ interurbain (*m.*)	Long-distance call
l'appel local (*m.*)	Local call
l'appel téléphonique (*m.*)	Phone call
appeler	Call (to)
appeler par haut-parleur	Page (to)
apprécier	Value (to)
apprendre	Learn (to)
l'approvisionnement (*m.*)	Supply
après date d'échéance	Past due
l'aptitude (*f.pl.*)	Capability
les aptitudes (*f.*)	Skills
aqua (*adj.*)	Aqua (*color*)
l'arc (*m.*)	Arc
l'argent (*m.*)	Money
l'argent liquide (*m.*)	Cash
arrêter/s'arrêter	Stop (to)
l'art (*m.*)	Art
l'article (*m.*)	Item/Article
l'assistant(e) administratif (-ve)	Administrative assistant
l'associé(e)	Associate/Partner
l'assurance (*f.*)	Insurance
l'astérisque (*m.*)	Asterisk
l'atelier (*m.*)	Workshop
attendre	Wait (to)
l'attention (*f.*)	Attention
l'audio (*m.*)	Audio
auditer	Audit (to)

aujourd'hui	Today
au revoir	Good-bye
l'autocar d'excursion (*m.*)	Tour bus
l'automne (*m.*)	Fall (*season*)
autoriser	Authorize (to)
l'autorité (*f.*)	Authority
l'avant (*m.*)	Front
les avantages sociaux (*m.pl.*)	Benefits
l'avocat(e)	Lawyer
avoir besoin (de)	Need (to)
l'axe des X (*m.*)	X-axis
l'axe des Y (*m.*)	Y-axis
l'axe des Z des (*m.*)	Z-axis

B

le bac	Ferry
le badge	Badge
le bagage	Luggage
la balance	Scale
le balcon	Balcony
le ballet	Ballet
le bar	Bar
le bas	Bottom
les bas (*m.pl.*)	Stockings
la base de données	Database
le basketball	Basketball
la bibliothèque	Library
bien	Well
bien cuit (*steak*)	Well-done
les bijoux (*m.pl.*)	Jewelry
le billet	Ticket
bleu(e)	Blue
le bloc-notes	Note pad
la blouse	Blouse
la boîte	Box
bon(ne)	Good
bonjour	Hello

le bonus	Bonus
le bord	Edge
la bourse	Grant/Scholarship
le brevet	Patent
la brochure	Brochure
brun(e)	Brown
le buffet	Buffet
le bureau	Office/Desk
le bureau central	Central office
le bureau d'angle	Corner office
le bureau de poste	Post office
le bus	Bus
le but	Goal/Purpose

C

le cabinet	cabinet
le cable d'ordinateur	Computer cable
le cadran	Dial
le café	Café/Coffee
le cahier	Workbook
le calcul	Calculus
le calendrier	Calendar
la capacité	Capability
carré(e) (*adj.*)	Square
la carrière	Career
la carte des vins	Wine list
la carte de visite	Business card
la carte téléphonique	Calling card
le cellulaire	Cell phone
central(e)	Central
la centralisation	Centralization
le central téléphonique	Switchboard
le centre	Center
le centre d'affaires	Business center
le centre de conférences	Conference center
le centre de messagerie	Message center
le centre d'expédition	Shipping center
le cercle	Circle

la chaise	Chair
la chambre	Room
changer	Change (to)/Switch (to)
le chapeau	Hat
le chat	Cat
chaud(e)	Warm
la chaussette	Sock
la chaussure	Shoe
le/la chef	Boss
le chèque	Check
le chèque certifié	Certified check
le cheval	Horse
le chevalet	Easel
le chien	Dog
les chiffres financiers (*m.pl.*)	Financial figures
la chronique/la colonne	Column (newspaper)
chronométrer	Time (to)
le cigare	Cigar
la cigarette	Cigarette
cinq	Five
classer	File (to)
le classeur à tiroirs	File cabinet
le (la) client(e)	Customer
le club de jazz	Jazz club
co-associé(e)	Copartner
le cocktail	Cocktail
la comédie	Comedy
la comédie musicale	Musical
la commande par correspondance	Mail order
le commencement	Beginning/Start
commencer	Begin (to)/Start (to)
le commerce	Trade
commercialiser	Market (to)
la (les) communication(s)	Communication(s)
communiquer	Communicate (to)
la compensation	Compensation
la compensation différée	Deferred compensation

compenser	Compensate (to)
compenser (*check*)	Clear (to)
la compétition	Competition
le comportement	Behavior
composer un numéro	Dial (to)
la compréhension	Understanding
comprendre	Understand (to)
la comptabilité	Accounting
le compte de créditeur	Accounts payable
les comptes clients	Accounts receivable
la conception	Design/Concept
le concert	Concert
le/la concierge	Concierge
les conclusions (*f.pl.*)	Findings
la conférence	Conference
le (la) conférencier(-ière)	Speaker
configurer (*computers*)	Set up (to)
la confirmation	Confirmation
confirmer	Confirm (to)
le conflit	Conflict
la connaissance	Knowledge
se connecter	Log on (to)
la connection	Connection
le consultant	Consultant
consulter	Consult (to)
contacter	Contact (to)
le context	Context/Background
le contrat	Contract
le contremaître	Foreman
le contrôle qualité	Quality control
convaincre	Convince (to)
le convertisseur	Converter
la (photo)copie	Copy
le/la co-propriétaire	Co-owner
la corbeille	Bin
le costume (*men*)	Suit
la couleur	Color
la courbe	Curve

la courbe en cloche	Bell curve
le courriel	E-mail
le courrier	Mail
le cours	Course
le coût	Cost
la couverture	Cover
la craie	Chalk
la cravate	Tie
le crayon	Pencil
la création	Design/Creation
la crème	Cream
la culture	Culture
culturel(le)	Cultural
cyber-espace	Cyberspace

D

le dais	Dais
la date	Date
la date de livraison	Delivery date
la date limite	Deadline
la décentralisation	Decentralization
décider	Decide (to)
la décision	Decision
se déconnecter	Log off (to)
dégager	Clear (to)
dehors	Outside
déjeuner	Lunch/ Luncheon
le délai	Deadline
demain	Tomorrow
demander	Ask (to)/ Request (to)
déménager	Move (to)
le demi-tour	U-turn
la démonstration	Demonstration
démontrer	Demonstrate (to)
le département	Department
la (les) dépense(s)	Expense(s)
dernier (-ière)	Last
deux	Two

deuxième	Second
devant	In front
le diagramme	Diagram
le diagramme circulaire sectorisé	Pie chart
le diagramme de dispersion	Scatter diagram
le dialogue	Dialogue
la diapositive	Slide
le dîner	Dinner
dire	Say (to)
le (la) directeur (-trice)	Director/Manager
la direction	Management/ Leadership
le (la) dirigeant(e)	Leader/Manager
diriger	Manage (to)
la disco	Disco
le discours	Speech
la discussion	Discussion
discuter	Discuss (to)/Argue (to)
la dispersion XY	XY scatter
le disque d'ordinateur	Computer disk
distribuer	Distribute (to)/Issue (to)
la distribution	Distribution
dix	Ten
le document	Document
le document (distribué)	Handout
le document joint	Enclosure
le dollar	Dollar
les données (*f.pl.*)	Data
donner	Give (to)
donner feu vert	Okay (to)
donner son accord	Okay (to)/Agree (to)
donner un feedback	Feedback (to)
le dossier	Folder
la douane	Customs
le drame	Drama
le droit d'auteur	Copyright
droit(e)/à droite	Right/To the right
dû, due	Due

E

l'eau (*f.*)	Water
l'eau minérale (*f.*)	Mineral water
échanger	Exchange (to)/Trade (to)
l'échelle (*fig.*) (*f.*)	Scale
l'échelle logarithmique (*f.*)	Logarithmic scale
l'ecran (*m.*)	Screen
écrire	Write (to)
effacer	Erase (to)
l'église (*f.*)	Church
l'électricité (*f.*)	Electricity
l'ellipse (*f.*)	Ellipse
l'e-mail (*m.*)	E-mail
emballer	Package (to)
empaqueter	Package (to)
l'emplacement (*m.*)	Location
encaisser un chèque	Cash a check (to)
en caractères gras	Bold
encourager	Encourage (to)
l'enfant (*m.*)	Child
les enfants (*m.pl.*)	Children
en (forme de) U	U-shaped
en haut	top
en ligne	Online
enneigé(e)	Snowy
l'enregistrement (*m.*)	Recording
enregistrer	Record (to)
en retard	late
enseigner	Teach (to)/Coach (to)
l'ensemble du capital ou des actions d'une société (*m.*)	Stock
l'entraînement (*m.*)	Training/Coaching
entraîner	Train (to)/Coach (to)
l'entrée (*f.*)	Entrance
l'entrepreneur	Entrepreneur
l'entreprise	Enterprise
l'entretien (*m.*)	Interview/Maintenance

l'enveloppe (*f.*)	Envelope
l'envoi (*m.*)	Shipment
l'envoi recommandé (*m.*)	Certified mail
envoyer	Send (to)/Mail (to)
envoyer une facture	Invoice (to)
l'équipe (*f.*)	Team
l'espace (*m.*)	Space
espérer	Hope (to)
l'esprit d'entreprise (*m.*)	Entrepreneurial spirit
estimer	Appraise (to)/Respect (to)
les États-Unis (*m.pl.*)	United States of America
l'été (*m.*)	Summer
étiqueter	Label (to)
l'étiquette (*f.*)	Label
l'étoile (*f.*)	Star
être en compétition	Compete (to)
être un mentor pour quelqu'un	Mentor (to)
évaluer	Value (to)
l'excuse (*f.*)	Apology
exonéré(e) d'impôt	Tax-exempt
expédier	Ship (to)/Mail (to)
l'expérience (*f.*)	Experience
l'exploitation (*f.*)	Operations/ Exploitation
exponentiel(le)	Exponential
exporter	Export (to)
exposer	Exhibit (to)
l'exposition (*f.*)	Exhibit
l'expresso (*m.*)	Espresso

F

le facilitateur	Facilitator
faciliter	Facilitate (to)
la facture	Bill/Invoice
faire	Make (to)
faire du commerce	Trade (to)
faire du tourisme	Sightsee

faire les formalités d'enregistrement	Check in (to)
faire marcher	Operate (to)
faire passer un entretien	Be interviewed (to)
faire référence (à)	Reference (to)
faire suivre	Forward (to)
faire un diagramme	Diagram (to)
faire une pause	Pause (to)
faire une transaction	Transact (to)
la famille	Family
le fax	Fax
faxer	Fax (to)
le feedback	Feedback
la femme	Wife/Woman
la fenêtre	Window
fermer	Close (to)
le ferry	Ferry
le fichier	File
la fille	Daughter
le film	Film/Movie
filmer en vidéo	Video (to)
le fils	son
la fin	End
la finance	Finance
financer	Finance (to)
finir	End (to)
la flèche (lumineuse)	Arrow/Pointer
la fleur	Flower
le fonctionnaire	Officer
le football	Soccer
le football américain	Football
la formation	Training/Professional background
former	Train (to)
former une équipe	Team-building
fournir	Provide (to)/ Supply (to)
les frais (*m.pl.*)	Expenses/Costs
les frais de transport (*m.pl.*)	Transportation charges

les frais juridiques (*m.pl.*)	Legal costs
frais, fraîche	Cool
froid	Cold

G

gagner	Gain (to)/Earn (to)
la galerie	Gallery
la galerie d'art	Art gallery
la garantie	Guarantee/Warranty
garantir	Guarantee (to)
le garde (*person*)/la garde	Guard
le gâteau	Cake
gauche/à gauche	Left/To the left
la géométrie	Geometry
gérer	Manage (to)/Operate (to)
la glace	Ice cream/Ice
la gomme	Eraser
les grands-parents (*m.pl.*)	Grandparents
le graphique	Graph/Chart/Table
le graphique en trois dimensions	3-D chart
le graphique linéaire	Line graph
la grille	Grid

H

l'habillement (*m.*)	Clothing
hachuré(e)	Crosshatched
l'heure (*f.*)	Hour/Time
l'histogramme (*m.*)	Bar chart/Histogram
l'histogramme horizontal (*m.*)	Horizontal bar chart
l'histoire (*f.*)	History/Background
l'hiver (*m.*)	Winter
le hobby	Hobby
l'horaire (*m.*)	Schedule
horizontal	Horizontal
l'horloge (*m.*)	Clock
hors de	Outside

l'hôtel (*m.*)	Hotel
huit	Eight
l'hypertexte (*m.*)	Hypertext

I

l'idée (*f.*)	Idea
l'illustration (*f.*)	Illustration
illustrer	Illustrate (to)
l'image (*f.*)	Picture
l'immeuble (*m.*)	Building
importer	Import (to)
les impôts (*m.pl.*)	Tax(es)
les impréssions (*f.pl.*)	Feedback
l'imprimante (*f.*)	Printer
imprimer	Print (to)
inacceptable	Unacceptable
l'indication (*f.*)	Pointer
les indications (*f.pl.*)	Directions
indiquer	Point (to)
individuel(le)	Individual
l'infirmier (-ière)	Nurse
l'information (*f.*)	Information
informer	Inform (to)
l'ingénieur(e)	Engineer
inscrire/s'inscrire	Register (to)
l'installation (*f.*)	Installation
installer	Install (to) / Set up (to)
les instructions (*f.*)	Directions / Instructions
l'intelligence (*f.*)	Intelligence
intelligent(e)	Intelligent
international(e)	International
l'internet (*m.*)	Internet
l'interrupteur (*m.*)	Switch
intrépide	bold
l'inventaire (*m.*)	Inventory
investir	Invest (to)
l'investissement (*m.*)	Investment

J

jaune	Yellow
le jazz	Jazz
je vous en prie	You're welcome
jouer	Play (to)
le jour	Day
la jupe	Skirt

K

le karaté	Karate
le kiosque à journaux	Newsstand

L

le lait	Milk
lancer sur marché	Market (to)
la langue	Language
le leader	Leader
légal(e)	Legal
la législation internationale	International law
le légume	Vegetable
la lettre	Letter
le lien	Link
la ligne	Line
la ligne de régression	Regression line
la ligne directe	Direct line
la ligne électrique	Electrical line
la ligne pleine	Solid line
la ligne pointillée	Dotted line
la limousine	Limousine
linéaire	Linear
la liste d'adresses	Mailing list
le lit	Bed
la littérature	Literature
la livraison	Delivery
la livraison spéciale	Special delivery
le livre	Book
le livre d'exercices	Workbook

local(e)	Local
le logiciel	Software
le logiciel Excel	Excel software
le logiciel Lotus 1-2-3	Lotus 1-2-3 software
le logiciel Word	Word software
le logiciel WordPerfect	WordPerfect software
le logo	Logo
la loi	Law
louer	Rent (to)
le loyer	Rent
la lumière	Light

M

la machine à écrire	Typewriter
le magazine	Magazine
le magnétoscope	Video recorder
la maison	House
le management	Management
le manager	Manager
le manteau	Coat
marchander	Bargain (to)
la marchandise	Goods
le marché	Market
le mari	Husband
le marketing	Marketing
la marque déposée	Trademark
le marqueur	Marker
le matériel	Materials
la mathématique	Mathematics
le matin	Morning
le maximum/maximum (*adj.*)	Maximum
le médecin	Doctor
les medias (*m.pl.*)	Media
le memo	Memo
le mèl	E-mail
mener	Lead (to)
le mentor	Mentor

le menu	Menu
merci	Thank you
le message	Message
la messagerie vocale	Voice mail
la mezzanine	Mezzanine
le microphone/le micro	Microphone
le milieu	Middle
le minimum/minimum (*adj.*)	Minimum
la minute	Minute
la mise en page	Layout
la mission	Mission
le modèle/le mannequin	Model
le modem	Modem
le modérateur	Facilitator/Moderator
le mois	Month
le moniteur	Monitor
le moniteur couleur	Color monitor
le moniteur d'ordinateur	Computer monitor
montrer	Show (to)/Indicate (to)
la mosquée	Mosque
le mot de passe	Password
le moteur de recherche	Search engine
multimédia	Multimedia
le musée	Museum
la musique	Music
la musique classique	Classical music

N

la navette pour l'aéroport	Airport shuttle
la négociation	Negotiating
négocier	Negotiate (to)/Mediate (to)
la neige	Snow
neuf	Nine
noir(e)	Black
le nom	Name
nommer	Name (to)
non	No
la note	Note

la nourriture	Food
nouveau, nouvelle	New
la (les) nouvelle(s)	News
nuageux(-euse)	Cloudy
la nuit	Night
le numéro	Number
le numéro de téléphone	Telephone number

O

l'objectif (*m.*)/objectif (*adj.*)	Objective
l'objet (*m.*)	Object
l'obligation (*f.*)	Bond
l'obligation contractuelle	Contractual obligation
occupé(e)	Busy
l'officier (*m.*)	Officer
offrir	Offer (to)
ombragé(e)	Shaded
l'ombre (*f.*)	Shadow
l'opéra (*m.*)	Opera
l'opérateur/l'opératrice	Operator
l'option (*f.*)	Option
l'option d'achat de titres (*f.*)	Stock option
l'orange (*f.*)/orange (*adj.*)	Orange
l'orchestre (*m.*)	Orchestra
l'ordinateur (*m.*)	Computer
l'ordinateur central (*m.*)	Mainframe computer
l'ordinateur portable (*m.*)	Laptop computer
l'organisation (*f.*)	Organization
organiser	Organize (to)
l'orientation (*f.*)	Orientation
l'origine (*f.*)	Origin
oui	Yes
ouvrir	Open (to)

P

| la page | Page |
| la page/la home page | Home page |

le paiement	Payment
le pair	Peer
le papier	Paper
le paquet	Package
le parapluie	Umbrella
par	Via
le parc	Park
le parc d'attractions	Amusement park
les parents (*m.pl.*)	Parents
parler	Talk (to)/ Speak (to)
la part	Part
le (la) participant(e)	Participant
participer	Participate
le passeport	Passport
passer un entretien	Interview (to)
le passe-temps	Hobby
le pays	Country
la pension	Pension
le personnel/personnel(le) (*adj.*)	Personnel
la perspicacité	Insight
le petit déjeuner	Breakfast
le petit placard	Cabinet
peut-être	Maybe
la philosophie	Philosophy
la photocopie	Photocopy
la photocopieuse	Copier
la photographie	Photograph
la pièce (de théâtre)	Play
la pile	Stack
le ping-pong	Ping-Pong
placer	Place (to)
plaisanter	Joke (to)
plaisanterie	Joke
le plan	Map
planifier	Plan (to)
la plongée sous-marine	Scuba diving
la pluie	Rain

French	English
plus tard	Later
plus tôt	Earlier
pluvieux(-ieuse)	Rainy
le podium	Podium
le point	Point/Item
le point-clé	Key issue
le poisson	Fish
le policier	Policeman
le polygone	Polygon
le porc	Pork
portable	Portable
le portail	Portal/ Gate
la porte	Door
le porteur	Porter
la position	Position/Title
le poste de travail	Workstation
le poulet	Chicken
le pourcentage	Percentage
le (la) premier(-ière)	First
prendre plaisir à	Enjoy (to)
prendre une (des) décision(s)	Make decision(s) (to)
la présentation	Presentation/ Introduction/Page layout
la présentation PowerPoint	PowerPoint presentation
présenter	Present (to)/Introduce (to)/submit (to)
le (la) président(e)	Chair(person)/President
la prime	Bonus (salary)
principal(e)	Leading
le printemps	Spring
le prix	Price
le prix compétitif	Competitive price
le problème	Problem
le procédé	Process/Procedure
la procédure	Procedure
le procès	Lawsuit
le processus	Process

procurer	Procure (to)
la production	Production
produire	Produce (to)/Yield (to)
le produit	Product
le programme	Program
le projecteur pour diapositives	Slide projector
la prolongation	Extension
la promotion	Promotion
proposer	Propose (to)
la proposition	Proposal
la propriété	Property
la prorogation	Extension
la publicité	Ad
publier	Issue (to)/Publish (to)

Q

le quadrillage	Grid
la qualité	Quality
quatre	Four
la question	Question/ Query
questionner	Question (to)
les questions et réponses	Q&A

R

raccrocher (téléphone)	Hang up (to)
les rafraîchissements (m.)	Refreshments
la rallonge	Extension cord
le rang	Row
la rangée	Row
le rapport	Report
le rapport de marketing	Marketing report
le rapport de ventes	Sales report
le rapport financier	Financial report
rare	Rare
la réalité virtuelle	Virtual reality
le récepteur (object)/ receveur (person)	Receiver

la réception	Reception/Cocktail party/Reception
le/la réceptionniste	Receptionist
recevoir	Receive (to)
la recommandation	Recommendation
recommander	Recommend (to)
recomposer (un numéro)	Redial (to)
la reconnaissance vocale	Voice recognition
reconsidérer	Reconsider (to)
le record	Record
le rectangle	Rectangle
réduire les effectifs	Downsize (to)
la référence	Reference
regarder	Look (to)/ Watch (to)
le (les) règlement(s)	Policy/policies
la régression	Regression
réinitialiser	Reboot
rejeter	Reject (to)
remarquer	Note (to)
le remboursement	Refund
remettre à plus tard/à une date ultérieure	Postpone (to)
rencontrer	Meet (to)
le rendez-vous	Appointment
le renvoi	Referral
réorganiser	Reorganize (to)
répéter	Rehearse
le répondeur téléphonique	Answering machine
répondre	Reply (to)/Answer (to)
la réponse	Answer/Reply
reprendre	Resume (to)
le réseau	Network
le réseau mondial	World Wide Web
la réservation	Reservation
reserve(e)	Reserved
réserver	Reserve (to)
les réserves (*f.pl.*)	Supply
résoudre (un problème)	Solve (a problem) (to)

la responsabilité	Accountability/ Liability
le/la responsable	Supervisor
les ressources humaines (*f.pl.*)	Human resources
le restaurant	Restaurant
le résultat	Result
le rétroprojecteur	Overhead projector
la réunion	Meeting
révéler	Reveal (to)
revenir	Return (to)
la revue	Magazine
le risque	Risk
risquer	Risk (to)
rouge	Red
la rue	Street
le rugby	Rugby

S

le sac	Bag
saignant(e) (*steak*)	Rare
la saison	Season
le salaire	Salary
la salle d'attente	Waiting room
la salle de bains	Bathroom
la salle de classe	Classroom
la salle de concert	Concert hall
le salon	Trade show
la santé	Health
savoir	Know (to)
la (les) science(s)	Science
la science-fiction	Science fiction
le/la secrétaire	Secretary
la semaine	Week
le séminaire	Seminar
sept	Seven
le serveur	Server
le service	Service
le service clients	Customer service

le service en ligne/online	Online service
le siège dans une loge	Box seat
le signe dièse	Pound sign
signer	Sign (to)
le signet	Bookmark
silencieux(-euse)	Silent/Quiet
s'il vous plaît	Please
six	Six
skier	Ski (to)
le snack	Snack
la soirée	Evening
solide	Solid
la solution des problèmes	Problem solving
le son	Sound
la sortie	Exit
sortir	Exit (to)
souligner	Underline (to)
soumettre	Submit (to)
le (les) sous-vêtement(s)	Underwear
soutenir	Support (to)/Argue (to)
le souvenir	Souvenir
la spécialité	Specialty
les spécifications (*f.pl.*)	Specifications
le sport	Sport
le stand (d'exposition)	Booth
le standard	Switchboard
le (la) standardiste	(Telephone) operator
le steak	Steak
les stipulations (*f.pl.*)	Stipulations/ Specifications
le stress	Stress
le style	Style
la subvention	Grant
suivre/donner suite	Follow up (to)
le sujet	Subject
supérieur(e)	Top
le support technique	Technical support
la surcharge	Surcharge

la surface	Area
surfer	Surf (to)
surfer le web	Surf the Web (to)
la surtaxe	Surcharge (tax)
surveiller	Watch (to)
la synagogue	Synagogue
le syndicat	Union
le syndicat de commerce	Trade union
le système	System
le système acoustique	Sound system
le système d'exploitation	Operating system

T

le tabac	Tobacco
la table	Table
le tableau	(Black)board/Table (*charts*)
le tableau d'organisation	Organization chart
le tableau noir	Blackboard
le tailleur	Tailor/Suit (women)
taper (à machine/sur clavier d'ordinateur)	Type (to)
tard	Late
la tarte	Pie
la taxe à l'achat	Sales tax
la taxe à valeur ajoutée (TVA)	Value added tax
les taxes (*f.pl.*)	Tax(es)
le taxi	Taxi
télécharger	Download (to)
la téléconférence	Conference call
la télécopie	Fax
le téléphone	Telephone
le téléphone mobile	Car phone
le téléphone portable	Cellular phone/Portable phone
téléphoner (à)	Phone (to)
la télévision	Television
la température	Temperature

le temps	Weather/Time
tenir	Hold (to)
la terminologie	Terminology
le texte	Text
le thé	Tea
le théâtre	Theater
la théorie	Theory
la thèse	Thesis
la thèse centrale	Central thesis
le titre	Heading/ Title
la toile (mondiale)	(World Wide) Web
les toilettes (*f.pl.*)	Rest room
les toilettes dames (*f.pl.*)	Ladies' room
les toilettes messieurs (*f.pl.*)	Men's room
tôt	Early
la touche dièse	Pound key
le tour	Tour
tourner	Turn (to)
tracer le graphique	Graph (to)
le trait d'union	Dash
la tranche	Slice
tranquille	Quiet
la transaction	Transaction
transférer	Transfer (to)
la transparence	Transparency
le transport	Transportation
le travail	Job
travailler	Work (to)
le (la) trésorier(-ière)	Treasurer
le triangle	Triangle
trois	Three
trouvé(e)	Found
trouver	Find (to)
le type	Type

U

un(e)	One
utile	Helpful

V

la valeur	Value
la valeur marchande/ d'échange	Market value
végétarien(ne)	Vegetarian
la (les) vente(s)	Sale(s)
la vérification	Check
vérifier	Check (to)/Audit (to)
le verre	Glass
vert(e)	Green
vertical(e)	Vertical
via	Via
la viande	Meat
le (la) vice-président(e)	Vice president
la vidéo/vidéo (*adj.*)	Video
la vidéo-conférence	Video conferencing
vierge (*cassette, disc*)	Blank
la ville	City/Town
le vin	Wine
violet(te)	Purple
la vision	Vision
la visite sans préavis	Cold call
voir	See (to)
la voiture	Car
le vol (en avion)	Flight
vouloir	Want (to)
le voyage	Travel
voyager	Travel (to)

W

le web	(World Wide) Web

Z

le zoo	Zoo

INDEX

ABOUT THE AUTHORS

Timothy Dobbins, M. Div., is a communications and strategic alignment specialist. As president of Leadership Technologies, Inc./Cultural Architects™.com, he provides advice and direction in conflict management skills. An Episcopal priest, he was educated in the United States and Jerusalem and has studied at the C.G. Jung Institute in Zurich. He lives in Philadelphia and New York City.

Paul Westbrook has a broad business background and has worked for major corporations and business consulting firms. He is now running his own financial and retirement firm, Westbrook Financial Advisers, in Ridgewood, New Jersey. He is the author of *Word Smart for Business* and *Math Smart for Business*, both published by Random House.

Beyond business French

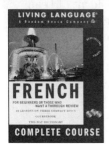

French Complete Course: Basic-Intermediate
For beginners or those who want a thorough review

This best-selling program will have you speaking French in just six weeks! Developed by U.S. government experts, our proven speed-learning method easily progresses from words to phrases to complete sentences and dialogues. Includes 40 lessons on three compact discs or two 90-minute cassettes, a coursebook, and a dictionary.

Cassette program | 1-4000-2002-6 | $25.00/C$38.00
CD program | 1-4000-2003-4 | $25.00/C$38.00
Coursebook only | 1-4000-2004-2 | $8.00/C$12.00
Dictionary only | 1-4000-2005-0 | $5.95/C$8.95

Ultimate French: Basic-Intermediate

Equivalent to two years of college-level study, this comprehensive program covers reading, writing, grammar, conversation, and culture. Includes a coursebook and over 40 lessons on eight 60-minute cassettes or CDs. An advanced course is also available.

Cassette program | 0-609-60759-6 | $75.00/C$115.00
CD program | 0-609-60734-0 | $75.00/C$115.00
Coursebook only | 0-609-80679-3 | $18.00/C$27.50

Available at bookstores everywhere   www.livinglanguage.com

LIVING LANGUAGE®
A Random House Company